Y GWYNT BRAF

Gwyn Parry

Gwasg Carreg Gwalch

Argraffiad cyntaf: 2021
ⓗ testun: Gwyn Parry

Rhif Llyfr Safonol Rhyngwladol:
978-1-84527-803-8

CYNGOR LLYFRAU CYMRU

Cyhoeddwyd gyda chymorth Cyngor Llyfrau Cymru

Darlun clawr: Gwyn Parry
Cynllun clawr: Eleri Owen

Rwy'n cyflwyno'r llyfr hwn er cof am Mam a Nhad
ac i gymuned a ffordd o fyw sydd bron â diflannu.

Hoffwn ddiolch i Nia Roberts am ei harweiniad a'i gwaith
golygu ac i Ann Llwyd am ei chefnogaeth frwdfrydig.
Diolch hefyd i fy ngwraig, Eabhan Ní Shuileabháin,
am ei chariad a'i chryfder.

Hel Coed Tân

Roedd yn deimlad rhyfedd deffro yn hen lofft Dad. Mae'n siŵr ei fod yntau wedi sbio yn y drych ar y dresar wrth godi bob bore, fel finnau, a gweld ei hun yn hen ac yn wael. Dad druan, doedd o byth yn cwyno. Penderfynol. Dim isio lol. Ei ddwylo'n biws a llwyd oherwydd y smocio.

Dwi'n cofio'r alwad ffôn ges i gan fy mrawd dros bedwar mis yn ôl fel petai'n ddoe. Rywsut, ro'n i'n gwybod beth roedd o'n mynd i'w ddeud – bod yn rhaid i mi ddod adra i Fôn cyn gynted â phosib, bod Dad wedi cyrraedd y diwedd. Geraint, y nesa i mi mewn oed, fyddai'n ffonio gyda newyddion drwg bob tro, a theimlwn drosto wrth iddo geisio cyfleu ei neges heb godi gormod o fraw arna i. Un trefnus oedd Geraint, a chan fod deuddeng mlynedd rhwng y ddau ohonom, edrychwn i fyny ato pan oeddwn yn blentyn. Byddai'n fy helpu efo 'ngwaith cartref mathemateg, a finnau fel arfer yn deall dim er iddo geisio'i orau i egluro. Fo oedd y cyntaf o'r teulu i fynd i ffwrdd i'r coleg, a byddai'n siŵr o ddod ag anrheg fach i mi bob tro y deuai adref ar ddiwedd tymor.

1990 oedd hi, a finnau'n gweithio fel dylunydd yn Iwerddon

ers tair blynedd ac yn rhannu fflat gyda fy nghariad newydd, Siobhan, yn ardal fywiog Rathmines tua thair milltir o ganol Dulyn. Pan gefais yr alwad ffôn honno gan fy mrawd gadewais eglurhad brysiog ar beiriant ateb fy swyddfa i egluro'r sefyllfa, a phaciodd Siobhan fag dillad i mi tra oeddwn yn paratoi ar gyfer y siwrne a bwcio tacsi i fynd â fi i'r dociau. Rhaid oedd gadael Iwerddon ar y llong nesaf am ddau y bore.

Roedd y daith yn teimlo'n arafach nag arfer, a'r llong fel petai'n hwylio drwy driog trwchus. Daeth blinder llethol drostaf ond fedrwn i ddim ymlacio na chysgu. Fedrwn i wneud dim ond edrych allan ar y môr du drwy'r ffenest gron – ro'n i'n gaeth ar y llong gyda fy meddyliau.

Daeth un arall o 'nhri brawd, Rhys, i fy nôl o'r porthladd, ac efo fo yr arhosais weddill y noson honno gan ei bod yn rhy hwyr i mi fynd i dŷ Mam. Mae Rhys yn hŷn na Geraint, a rhyw flwyddyn yn ieuengach na fy mrawd hynaf, Dewi. Un distaw ydi Rhys, ac yn ddigon hapus i fynd allan o'i ffordd i helpu unrhyw un. Welais i ddim llawer ohono fo pan oeddwn yn blentyn gan ei fod o a'i wraig, Catrin, wedi bod yn byw yn ne Awstralia, ymysg gwledydd eraill, yn y cyfnod hwnnw. Roedd ei waith fel peiriannydd medrus yn ei alluogi i weithio'n rhyngwladol ac roedd y cwmnïau mawr yn fodlon talu i Catrin deithio efo fo. Ro'n i tua deg oed pan ddaeth Rhys a Catrin adref ar ôl dros bum mlynedd i ffwrdd, yn swil a ddim yn siŵr sut i ymddwyn gan mai pobl ddieithr oedden nhw i mi. Bu Geraint yn lwcus i gael swydd athro Gwyddoniaeth ym Môn, a phlymar ydi Dewi byth ers iddo adael yr ysgol.

Roedd Rhys yn dawel ar y siwrnai o borthladd Caergybi. Anodd iawn oedd gwybod beth i'w ddweud. Roedd hi'n rhy hwyr i sgwrsio'n ddifater am hyn a'r llall, felly y peth callaf i'w wneud oedd canolbwyntio ar y ffordd a cheisio cyrraedd adref er mwyn cael chydig o gwsg cyn i'r haul godi. Cysgais yn ddigon ysgafn a breuddwydiol am ryw ddwyawr, ond cyn i'r wawr dorri roeddwn wedi deffro, ac yn edrych allan drwy ffenest y llofft ar y Fenai. Wrth i'r haul godi dros Eryri daeth Rhys i mewn i ddweud yn dawel fod Geraint wedi ffonio. Roedd ein tad wedi marw yn ei gwsg yn yr ysbyty.

Doedd y newyddion ddim yn sioc. Yn fy mreuddwyd y bore llwyd hwnnw ro'n i wedi clywed llais Nhad yn ffarwelio â fi, a gweld ei gorff yn gorwedd ar wely mewn goleudy gwyn, ei gorff yn araf ddiflannu o'r gwely a golau llachar o'i gwmpas. Er i mi fethu cyrraedd yr ysbyty mewn pryd teimlwn fod Nhad yn gwybod 'mod i ar fy ffordd, ac yn deall.

Wythnos a hanner ar ôl angladd Nhad roedd yn rhaid i mi fynd yn ôl i Iwerddon a gadael Mam yn ei byngalo bychan yn Sarn – ar ei phen ei hun go iawn am y tro cyntaf erioed. Roeddwn yn edrych ymlaen at fynd yn ôl at Siobhan, er bod y ffaith na ddaeth hi i'r angladd wedi fy siomi, ond teimlwn yn hunanol iawn yn gadael Mam. Gwyddwn fod fy nhri brawd a'u gwragedd gerllaw, ac yn hapus i siopa bob wythnos iddi, a'i helpu i lanhau a mynd â hi at y doctor, ond teimlwn fod wir angen cwmni arni ac mai fy nyletswydd i – fel yr unig fab heb gyfrifoldeb teuluol – oedd ceisio llenwi tipyn o'r gwacter a adawodd Nhad. Fedrwn i ddim hwylio ymaith a gadael y pwysau i gyd ar ysgwyddau fy mrodyr gan wybod eu bod yn gweithio'n llawn amser ac yn magu eu plant. Roedd rhaid rhannu'r baich, yn enwedig gan ein bod wedi derbyn y newyddion fod Glenda, gwraig Dewi, wedi cael diagnosis o ganser.

Penderfynais y byddwn yn egluro'r sefyllfa i 'mhennaeth yn y gwaith, a chynnig cymryd amser o'r gwaith yn ddi-dâl, ond cefais sioc ar yr ochr orau. Dywedodd wrtha i am gymryd cymaint o amser ag yr oedd ei angen arna i, gan ddefnyddio'r gwyliau a'r goramser roeddwn wedi ei weithio, ar yr amod fy mod yn aros am ychydig er mwyn gorffen y gwaith oedd gen i ar y gweill. Eglurodd fod ganddo yntau rieni mewn oed mawr ym mherfeddion County Mayo, a'i fod yn deall fy mhryderon yn iawn.

Felly, arhosais yn Nulyn am sbel gan fynd adref unwaith y

mis ar y llong gynnar ar fore Sadwrn, a dychwelyd ar y llong olaf ar nos Sul er mwyn bod yn y gwaith fore Llun. Roedd yn rhaid i mi orffen popeth yn daclus yn y gwaith cyn i mi ddiflannu dros y dŵr am o leiaf dri mis.

* * *

Hedfanodd yr wythnosau heibio wrth i mi gladdu fy hun mewn gwaith, a chyn hir roeddwn yn rhydd i dreulio cyfnod estynedig o amser adref. Anodd oedd credu, wrth i mi setlo yn y byngalo efo Mam, fod pedwar mis ers marwolaeth fy nhad.

Roedd Mam yn cadw'n brysur drwy wneud ei jobsys dyddiol arferol, ond weithiau byddwn yn sylwi arni'n oedi wrth lanhau, pan ddeuai ar draws geiriadur fy nhad gyda'i nodiadau yn frith dros y tudalennau, neu ambell flewyn gwyn o'i wallt ar y carped. Roedd slipars Nhad a'i sbectol yn dal i fod ger y teledu, fel petai disgwyl iddo gerdded i mewn unrhyw funud. Fel Mam, ro'n innau dipyn bach ar goll, yn enwedig wrth ddeffro yn y bore a sylweddoli fod bywyd wedi newid am byth.

Pan ddois i ati i ddechrau, gofynnais sawl gwaith i Mam beidio â dod i mewn i'm llofft ac agor y cyrtens pan o'n i'n dal yn y gwely – roedd hi fel petai'n methu disgwyl i mi godi er mwyn iddi gael tacluso'r blancedi. Doeddwn i ddim yn deall beth oedd y brys. Wedi'r cyfan, roedd y dyddiau'n llusgo i mi, a minnau'n ceisio dod i arfer â byw efo rheolau Mam unwaith eto. Roedd dod adref am benwythnos yma ac acw ar ôl yr angladd wedi bod yn haws o lawer gan 'mod i'n gwybod y byddwn yn mynd yn ôl drannoeth. Ond bellach doedd dim mynd yn ôl, dim prysurdeb, dim annibyniaeth. Roeddwn yn byw adref am y tro cyntaf ers i mi adael i fynd i'r coleg flynyddoedd ynghynt, ac roedd hynny'n llawer mwy o sioc nag y gwnes i ddisgwyl. Doeddwn i ddim wedi dweud wrth Mam am faint yn union y byddwn yn aros gan nad oeddwn i'n siŵr fy hun, ac roedd hynny'n gadael cil y drws yn agored am ddihangfa.

Roedd byw yn ufudd ac araf yn dipyn o dasg, ond roeddwn wedi derbyn y byddai'n rhaid i mi flaenoriaethu Mam dros fy mywyd yn Nulyn. Ers bron i flwyddyn roeddwn yn rhannu fflat yno gyda fy nghariad, ac er na wnaeth Siobhan wrthwynebu i mi dreulio amser yng Nghymru gallwn weld nad oedd hi'n hapus efo'r sefyllfa. Er i Siobhan gyfarfod Mam a Nhad unwaith ar ddechrau ein perthynas, prin y deuai efo fi i Gymru am benwythnos – roedd ganddi ryw esgus bob tro, ac awgrymai fod gen i fwy o feddwl o Mam nac ohoni hi er i mi geisio egluro bod dyletswydd arnaf i helpu Mam ac ysgafnu dipyn ar faich fy mrodyr. Doedd gan Siobhan ddim perthynas glòs â'i rhieni ei hun, a dim ond unwaith y bu i mi gwrdd â'i mam am goffi yn y dref. Doedd dim pwrpas i mi gyfarfod ei thad, meddai, gan nad oedd ganddo ddim byd da i'w ddweud am neb. Er na ddywedodd hynny, sylweddolais fod ei sgerbydau teuluol yn pwyso'n drwm arni.

Roeddwn wedi dod yn ôl adref am ddau reswm – nid yn unig i helpu Mam, ond hefyd i fy helpu fy hun i symud ymlaen. Ar ôl colli Nhad dechreuodd yr atgofion lifo fel rhaeadr: mynd i hel coed tân, a'r ddau ohonom yn cario llwyth go lew wedi'i glymu gyda rhaff ysgafn ar draws ein hysgwyddau. Cerdded y caeau i hel madarch ddiwedd yr haf, a finnau wrth fy modd yn llithro dau fys yn ofalus dan yr ambaréls gwyn i'w codi a'u rhoi i orwedd yn ysgafn yn y bag rhag iddynt dorri. Pinacl bob blwyddyn i mi pan oeddwn i'n fychan oedd cael mynd i granca efo Nhad i Draeth Dulas. Roedd hyn cyn iddo brynu car, felly rhaid oedd cerdded y chwe milltir, a chymerai'r dasg ddiwrnod cyfan i ni. Byddai Nhad yn dod â bwyd efo fo: bara menyn, cig o ryw fath neu sardîns, fflasg o de, ac wrth gwrs, byddai'n siŵr o anghofio'r llefrith. Doedd dim gwell nag eistedd ar y creigiau gwymon yn wynebu Ynys Dulas, yn bwyta'r picnic yn yr haul a chadw'r gorau tan y diwedd, sef bocs o Jaffa Cêcs melys. Ar ôl dal crancod drwy'r dydd roedd yn rhaid cerdded adref cyn y machlud a chyn i'r llanw droi. Cerdded efo'n gilydd a sach yr un ar ein cefnau, y llwyth crancod yn aflonydd, eu cyrff yn clecian yn erbyn ei gilydd fel cwpanau tsieina wrth iddynt wingo yn y tywyllwch.

Ar ôl angladd Nhad galwai llawer o bobl acw i gydymdeimlo ac i hel atgofion. Roedd y byngalo bach yn brysurdeb o wneud te, bwyta teisennau a sgwrsio hwyliog, ond ar ôl mis tawelodd pethau, a dechreuodd Mam deimlo'r golled heb y cwmni cyson. Byddai'n dal i fynychu'r capel i lawr y lôn ar y Sul, ble y priododd hi a Nhad a lle bu'r teulu'n byw yn Tŷ Capel am oddeutu 45 mlynedd. Dechreuodd gymryd rhan yn yr oedfa, 'dim jest canu,' meddai, gan fagu digon o hyder i ddarllen ambell ddarn o'r Beibl. Er na soniodd hi air, dwi'n siŵr ei bod yn teimlo'n chwithig wrth eistedd yn ei sedd arferol yng nghefn y capel a gweld gwagle lle bu Nhad yn sefyll i godi'r canu.

* * *

Mae'n debyg bod Mam wedi dechrau gwrando arna i o'r diwedd, gan fod cyrtens y llofft yn dal ynghau pan ddeffrais. Wrth daflu dŵr dros fy wyneb yn y stafell molchi, cefais gip annisgwyl arnaf fy hun yn y gwydr, gan weld fy hun yn hŷn ac yn ddoethach nag yr oeddwn yn teimlo. Sylwais hefyd fod fy ngwallt yn frith o gwmpas fy nghlustiau, ac yn teneuo ar fy nghorun.

Wrthi'n gwneud paned roedd Mam, ac roedd ganddi bishyn bach o deisen sbwnj yn ei llaw.

'Dwi 'di gneud panad,' meddai, heb fath o gyfarchiad arall. 'Ty'd, Glyn, neu mi fydd wedi oeri! Rhaid ni hel dipyn o bricia tân heddiw, rhag i ni fod heb ddim heno. Gawn ni ddigon ar ochr y lonydd yma ac acw. Awn ni am dro i weld.'

'Iawn. Lle awn ni?'

'Bodafon. Mi fydd yn esgus da i mi fynd allan o'r tŷ 'ma hefyd. Ro'n i'n mynd yn reit amal efo dy dad y ffordd honno yn y Fiat bach, 'sti. Roeddan ni'n siŵr o fynd i rwla bob pnawn os oedd hi'n braf – gwneud daioni mawr i'r ddau ohonon ni. Mi fydd yn braf cael mynd mewn car eto, ac mi wyt ti yma i 'nreifio fi o gwmpas rŵan. Dwi wedi bod am ambell reid efo'r hogia eraill, ond a chditha adra fel hyn mi fedran ni gymryd ein hamser. Tydi dy frodyr mor brysur efo gwaith a'r plant, yn tydyn? Cofia, maen nhw'n dda iawn efo fi, dim dowt am hynny. Argol fawr, mi ges i ddigon ar aros adra yng nghanol nunlle pan ddes i fyw ffor'ma am y tro cynta, ers talwm. Duw, doedd neb yn medru fforddio car 'radag hynny. Roedden ni'n lwcus i ga'l beic!'

Roedd ias oer y bore hwnnw a lleithder garw hyd y caeau, a lapiodd Mam ei hun yn ei chôt gynnes a'i sgarff. Gwisgais innau'n ddigon tebyg a gafael mewn bag plastig i roi'r priciau tân ynddo. Doedden ni ddim wedi mynd yn bell pan ofynnodd Mam i mi stopio gan ei bod wedi gweld brigyn go fawr wrth ochr ffos. Neidiais allan a gadael yr injan yn troi tra oeddwn yn ei dorri gyda fy mhen-glin a'i daflu'n ddarnau i'r bŵt.

Edrychodd Mam tuag at y caeau ar draws y ffordd. Roedd ffermwr yn cerdded ar ôl dyrniad o ddefaid budr. Gwisgai drowsus melfaréd a welintons gwyrdd, ac eisteddai cap stabal ar ben twmpath o wallt cyrliog.

'Pwy 'di hwnna?' gofynnais, 'Meical?'

'Cradur. Ben 'i hun yn y baw. Sgynno fo'm syniad, 'sti, ar ôl i'w dad o farw yn y ddamwain tractor 'na. Ei fam wedyn yn marw yn ei gwely pan oedd Meical tua'r ugain oed 'ma. Chafodd o ddim siawns, dim hwyl na dim.'

'Mae o'n fengach na fi o dair blynedd. Roedd plant yr ysgol yn tynnu arno fo drwy'r adag, yn enwedig ar y bws ysgol. Ro'n i'n gadael iddo fo ista efo fi er mwyn iddo gael llonydd.'

'Un hen ffasiwn oedd o erioed. Cradur bach.'

Eisteddodd y ddau ohonom yn y car am sbel cyn ailgychwyn, yn gwylio Meical yn ceisio chwibanu ar y ci a hel y twmpath bychan o ddefaid at ei gilydd, ond doedd y defaid na'r ci eisiau gwybod. Ffigwr go unig oedd Meical yn y cae mwdlyd, ond cofiais fel y byddai'n mwynhau'r chwerthin a'r sbort pan fyddai criw ohonon ni blant yn mynd i'w helpu o a'i dad i hel gwair ers talwm. Ond tynged Meic druan oedd gadael yr ysgol i edrych ar ôl y ffarm – doedd ganddo ddim dewis – a fu dim rhialtwch iddo wedyn.

Gollyngais handbrec y car ac aethom yn araf tua'r mynydd, gan arafu weithiau i chwilio am briciau ar ochr y lôn. Cliriodd y niwl yn reit handi wrth i ni ddringo i fyny'r lonydd cul tuag at Lyn Bodafon; llecyn llonydd a thawel mewn tamaid o haul cynnes.

'Stopia wrth y llyn am dipyn. Ma' hi'n braf yn fanna.'

Rowliodd Mam ei ffenest i lawr at ei hanner a chymryd cegaid o awyr iach. Nofiai hwyaid ar hyd gwydr tywyll y llyn bach, a chuddiai ieir dŵr yn y brwyn hir a adlewyrchai'n loyw-wyrdd hyd y dŵr. Ers talwm byddwn yn swnian ar Nhad i ddod i 'sgota yma. Ambell waith cytunai, a cherddem y pedair milltir i'r llyn – Nhad yn cario'r picnic mewn bag cynfas ar ei gefn a finna'n gafael yn dynn yn y wialen bysgota fechan. Ro'n i wrth fy modd yn cerdded y wlad efo fo, ac yntau'n adrodd straeon am y tylwyth teg ac yn enwi'r ffermydd a'r caeau wrth eu pasio. Ddaliais i erioed ddim yn y llyn, ond gwelais ambell un yn tynnu pysgod bach i'r lan.

Dwi'n cofio'r tro olaf i mi ddringo Mynydd Bodafon efo Nhad. Roedd ei wynt yn fyr ond mynnodd y byddai'n cyrraedd yr Arwydd, fel roedd o'n ei alw. Ro'n i'n poeni amdano braidd gan fod ei frest mor gaeth ar y ffordd i fyny, ond ar ôl iddo eistedd ar y gwair am sbel doedd o ddim 'run un. Arhosodd yno am hir, yn enwi'r traethau a'r cilfachau oedd i'w gweld mor glir. Hwn oedd y tro olaf i Nhad ddringo i'r copa, a rhywsut roedd o'n gwybod hynny. Taniodd smôc, a sylwais ei fod o'n emosiynol wrth weld ei gynefin cyfarwydd yn fychan o'i gwmpas. Nid oedd Nhad wedi symud o'r ardal erioed. Yr adeg honno doedd dim rhaid, gan fod digon o waith i'w gael ar y ffermydd ac efo'r cownsil, ac roedd hynny'n ddigon da i Nhad. Ar ôl iddo ymddeol cafodd joban arall, sef garddwr mewn plasty preifat, ac yno y bu nes iddo orfod rhoi'r gorau iddi ar gownt ei iechyd. Pedwar ugain oed oedd fy nhad yn marw, a dwi'n siŵr y byddai wedi bod yn hapus efo disgrifiad y gweinidog ohono yn ei angladd fel 'dyn ei ardal'.

Roedd rhes o dai bychan hynafol yn edrych lawr ar y dŵr yr ochr bellaf i Lyn Bodafon. Roedd y tŷ pen yn arfer bod yn gartref i ffrind i mi, Arwel, a byddai'r ddau ohonon ni'n arfer crwydro'r mynydd am oriau efo gynnau slygs. Saethon ni ddim byd erioed – doedd 'run ohonon ni fawr o shot.

'Mae teulu dy ffrind yn dal i fyw yn fan'cw 'sti,' meddai Mam, fel petai'n darllen fy meddwl. 'Mi gollodd o'i fam dipyn yn ôl rŵan... pobol ffeind iawn i gyd. Mi losgodd yr hyna'n ddrwg wrth weithio efo'r cownsil – dipyn o gymeriad oedd hwnnw. Unwaith, mi brynodd o gar ar yr HP, fel roedd llawer yn gneud 'radag hynny. Car go fawr, dwi'n ei gofio fo, Austin Cambridge. Wnaeth o ddim talu bob wsnos am y car fel roedd o fod i wneud, felly mi ddaeth dau ddyn i'w nôl o un diwrnod. Pan edrychon nhw i mewn iddo fo mi welon nhw lo bach yn cysgu'n braf mewn gwellt yn lle'r oedd y sêt gefn i fod!'

Ar ôl hanner awr wrth y llyn aethom yn ein blaenau i lawr y lôn. Erbyn hyn roedd pelydrau cynnes yr haul yn goleuo'r caeau a'r môr tuag at Landudno bell.

'Tydi'r gog ddim yma heddiw, Mam.'

'Rhy oer a rhy fuan iddi. Mi fydd hi'n siŵr o ddŵad. Dwi wrth fy modd yn 'i chlywad hi'n canu. Ma' hi'n licio rownd ffor'ma... digon o lefydd iddi guddiad.'

'Dach chi isio stopio rhag ofn?'

'Na, tydi hi ddim yma. Dos lawr yr allt nesa, a dan y coed. Mi fydd mwy o bricia yn fanno.'

Llywiodd y car ei hun, fwy neu lai, i lawr yr allt a stopiais ar y gongl dan ganopi o goed trwchus mewn llecyn distaw. Roedd Mam yn llygad ei lle – wrth ein traed roedd digon o frigau a ddaeth i lawr yn y gwyntoedd, ac aethom ati i gasglu cymaint ag y gallen ni. Er bod Mam yn cael trafferth plygu mi fedrodd gasglu llawer mwy na llond y bag. Teimlwn ychydig o wres ysgafn yr haul ar fy nghefn trwy'r brigau noeth, ond golygfa aeafol oedd ar hyd y caeau, a'r barrug yn dal ei afael ar y llecynnau roedd yr haul yn methu eu cyrraedd.

Wrth chwilota am goed crwydrodd fy meddwl. Ychydig flynyddoedd cyn i Nhad farw mi es i efo fo yn yr hen Fiat bach ar hyd lôn fechan sy'n troelli tuag at fferm Bodafon Uchaf. Ei joban o oedd casglu coed tân. Roedd hi'n eitha buan ar fore Sadwrn ac roedd rhew a barrug trwchus ym mhobman. Aethom ati i lifio hen fonion eithin crin a'u rhoi mewn bagiau nes na allai'r hen gar bach ddal dim mwy. Wrth ei helpu, edrychais draw tuag at Eryri a gweld y mynyddoedd yn hollol wyn o'r copaon i'r môr, yr haul yn llachar lithro ar draws y llethrau rhewllyd. Roedd yr awyr yn bur a glas heb gwmwl yn agos iddi, a chlywn sŵn cyson llif Nhad yn torri'r eithin. Llenwai arogl mwg ei sigarét yr aer a theimlwn frathiad y coed oer wrth afael ynddynt.

'Dwi'n rhoi'r rhein ar y set gefn. Biti 'u gada'l nhw a 'nhwtha mor sych,' meddai Mam, gan sythu.

'Iawn. Ma' gynnon ni ddigon rŵan, dwi'n meddwl.'

Kwiks

Dwi'n meddwl yn siŵr 'mod i'n mynd weithia, pan ma'r hen goes 'ma'n stiff yn y boreua fel hyn, a finna'n tagu fel rhyw hen gi. Tydi o ddim wedi codi eto... ella bysa'n well i mi sortio fy hun allan yn y bathrwm cyn iddo fo styrio, neu mi fydd o dan 'y nhraed i eto. Rhyfadd ydi cael dyn o gwmpas y tŷ eto, ond mae'n dda 'i fod o yma, hefyd. 'Dwn i'm be 'swn i'n wneud hebddo fo, deud y gwir. Er mai mynd yn ôl i Werddon neith o, mae chydig o'i gwmni o'n well na dim.

Dwi wedi dechra casáu gweld fy llun yn y drych 'ma. Blydi dannadd gosod, a'r rheiny'n brifo, ond hebddyn nhw mae 'ngheg i fel twll din iâr. Sôn am hyll. Biti 'mod i wedi bod yn ddigon gwirion i wrando ar yr hen ddentist hwnnw pan o'n i'n ifanc, a gadael iddo fo dynnu 'nannedd i i gyd allan. Haws na'u brwsio nhw, medda fo, ond difaru ydw i rŵan. Dim ond o edrych yn ôl mae rhywun yn sylweddoli pa mor ddel oeddan nhw 'stalwm. Digon i dorri calon.

Diwrnod golchi ydi hi heddiw – mi geith Glyn roi'r dillad glân ar y lein i mi. Dwi'n ddigon 'tebol i wneud fy hun, ond mae o gymaint yn gynt na fi wrthi bellach. Mi sychan nhw'n grimp heddiw, a fydd dim rhaid eu heirio nhw am hir chwaith. O, dwi wrth fy modd efo boreau braf fel hyn. Biti fod yn rhaid i mi fynd i wneud negas – mi fysa'n lot gwell gen i fynd am dro yn y car. Ond dyna fo, ma' petha 'di mynd yn isal yn y gegin a dau ohonan ni yma'n byta. Siŵr gin i y bydd pawb a'i nain allan yn y tywydd yma... well i mi wisgo'n reit dwt neu mi fydd pobol yn meddwl nad oes gen i ddim byd.

Dyma fo'n codi rŵan... wedi 'nghlywad i'n bustachu efo'r *twin tub*, debyg. Mi wna i dost iddo fo. 'Dwn i ddim pam na fytith o uwd 'fath â fi – mi fysa'n rhoi dipyn bach o gnawd ar 'i esgyrn o. Does 'na'm sens 'i fod o mor dena, a fynta mor dal. Ond mi geith o wneud 'i banad 'i hun.

* * *

Roedd adar y bore'n canu'n uwch nag arfer a'r gwartheg a'r defaid yn brefu ar dop eu lleisiau. Coblyn o le swnllyd, o feddwl 'mod i yng nghanol nunlle. Es â 'mrecwast o de a thost allan i'r ardd i wneud y mwyaf o wres yr haul, ac eistedd ar gadair Nhad. Mi fydda fo'n treulio oriau ynddi, pan nad oedd o'n teimlo'n rhy dda, yn smocio yn yr awyr iach. Weithiau dwi'n siŵr 'mod i'n arogli mwg ei sigarét, ac mae hynny'n codi hiraeth arna i wrth i'r atgofion lifo. Roedd Nhad yn eitha heini hyd at ganol ei saithdegau, yn cwyno dim am gyflwr ei iechyd. Arwydd o wendid oedd mynd at y doctor, medda fo, ond mynd i weld y doctor oedd raid yn y diwedd, i dawelu swnian Mam. Erbyn dallt, roedd ganddo fo ganser yn ei goluddyn, ac er iddo gael triniaeth lwyddiannus a byw am flynyddoedd wedyn, roedd yn ddigon hawdd gweld bod y cythraul peth wedi gadael ei farc, a'i fod yn dirywio'n araf bach. Mi gariodd ymlaen i ddod allan efo'i sigarét hyd at y diwedd. Doedd dim diben iddo roi'r gorau iddyn nhw a fynta'n agosáu at ben y daith.

Yr atgof olaf sy gen i o Nhad oedd ffarwelio â fo yn yr ysbyty, a fynta'n eistedd yn ei wely yn llenwi croesair y *Daily Post*.

Roedd o'n canolbwyntio gormod, bron, ar y geiriau i godi ei law arna i.

'Rhaid ni fynd i Kwiks heddiw – does 'na ddim yn y tŷ.'

'Iawn, Mam. Awn ni am dro wedyn, ia? Mi fysa lan y môr yn braf.'

Er ei bod yn tynnu am ei saith deg oed, roedd wyneb Mam wastad yn goleuo fel un hogan fach pan fyddwn yn cynnig mynd â hi am sbin yn y car. Ond heddiw, ysgydwodd y wên ymaith.

'Awn ni ar ôl cinio. Gen i ormod i'w wneud bora 'ma. Dwi isio golchi, a rhoi'r dillad ar y lein, wedyn...'

'Mi ro' i nhw ar y lein, i sbario gwaith i chi.'

Tra oedd Mam yn gwylio'r *twin tub* hynafol yn mynd drwy'i bethau, doedd dim llawer i mi i'w wneud. Cerddais dow dow at y sgwâr, lle byddwn yn cyfarfod fy ffrindiau pan oedden ni'n ifanc i reidio beics a malu awyr a chlebran. Yma roedd pedair ffordd yn dod at ei gilydd, math o gwmpawd tar-mac yn dangos pedair ffordd allan o'r pentref. Doedd y lle ddim wedi newid er pan oeddwn i'n hogyn bach, ond bellach, peth prin ydi twrw plant yn chwarae.

Edrychais ar y goeden eiddew oedd yn nadreddu o gwmpas y polyn teleffon ger y wal, lle bûm yn disgwyl y bws ysgol am flynyddoedd. Pan fyddai hi'n glawio roedd brigau tywyll y goeden yn ddigon o gysgod i dri ohonom, ac yn lloches ar ddiwrnod poeth o haf. Bryd hynny, byddai criw go fawr yn ymgynnull ar feics a sgêtbords, ambell ferch ar rôlyr-sgêts, a'r hogia mawr yn bachu ar y cyfle i refio heibio ar eu moto-beics a rhoi sgil i un o'r merched ar y cefn. Doedd dim arwydd o fywyd yn yr hen le, felly troais ar fy sawdl a mynd yn ôl at Mam.

Welais i 'run cwmwl yn yr awyr wrth i mi hongian y dillad allan, ac ar ôl cinio sydyn gafaelodd Mam yn ei ffon a'i bagiau siopa, yn ysu i gael cychwyn. Agorais ffenestri a drysau'r car tra oedd yn hel ei phethau, i leddfu ychydig ar y gwres y tu mewn iddo.

'Ro'n i'n meddwl eich bod chi'n barod!'

'Rhosa di... lle rois i fy list? Iawn, ma' hi'n 'y mhocad i.' Gollyngodd Mam ei hun i sedd y teithiwr wrth fy ochr.

'Bob dim gynnoch chi?'

'Yndi. Dos rŵan!'

Troais drwyn y Renault ail-law i fyny'r allt fawr heibio fferm Penlan, gan aros am y geiriau y byddai Mam yn eu poeri allan bob tro y bydden ni'n pasio'r lle.

'Mi weithis i'n galad yn y tŷ 'na ar fy mhen-glinia, yn sgrwbio'r llawr cerrig. A'r hen ddiawl blin yn sathru ar fy nwylo i – roedd o'n gwbod yn iawn be oedd o'n wneud. Hen ddiawl oedd o!'

Fy nhaid oedd y diawl blin. Welais i erioed mohono fo, ond roedd fy mrodyr, gan eu bod dipyn go lew yn hŷn na fi, yn ei gofio'n plethu matiau gwellt i'w gwerthu. Nid oedd da rhwng Nhad a Taid, yn ôl Mam. Mi fu rhyw fath o gyfaddawd, mae'n debyg, gan fod sôn bod fy mrodyr wedi mynd i ymweld â'u taid ambell dro.

Gan nad oedd y siwrne yn un a wnawn yn rheolaidd bellach, roedd teithio ar hyd y ffordd i Amlwch yn brofiad od o emosiynol. Gwibiodd fy meddwl yn ôl i fy mhlentyndod – cerddais ar ei hyd sawl gwaith efo Nhad, i siop Tom Pendref i dorri 'ngwallt, a threuliais ddyddiau lawer ar y lôn efo giang y cownsil tra oeddan nhw'n barbio'r cloddiau neu'n clirio ffosydd efo pig a rhaw. Nhad oedd fforman y giang ac roedden nhw i gyd yn garedig iawn efo hogyn bach wyth oed ar ei wyliau o'r ysgol.

'Dos rownd Pen Cefn gynta, ac mi awn ni'n syth i Kwiks.'

Anelais y car o amgylch rowndabowt y garej ac ymlaen ar hyd lôn Pen Cefn, dros yr hen reilffordd ac ar fy mhen i mewn i faes parcio Kwiks. Roedd y siop wedi bod yno ers blynyddoedd maith – garej Crosville oedd yr adeilad cyn hynny, adeilad sinc y byddai Mam a finna'n mochel rhag y glaw y tu mewn i'w ddrysau mawrion i ddisgwyl am y bws. Byddai twrw'r glaw yn fyddarol ar y to, dwi'n cofio hynny'n iawn. Chwalwyd yr hen adeilad haearn dros nos, bron, ac aeth sgerbwd Kwiks i fyny yn ei le. Cafodd llawer o genod waith y tu ôl i'r tiliau yn Kwiks yn syth o'r ysgol, ac roedd ambell un yn dal yno. Ro'n i'n siŵr o gael fy adnabod yno, ac am ryw reswm gwnaeth hynny i mi deimlo'n anghyfforddus.

'Eistedda i yn y car, Mam, tra byddwch chi'n gwneud negas.'

'Na, ty'd efo fi – mi fydda i'n gynt os ddei di i helpu, ac mi gawn droi am y môr yn gynt. Gafael yn y bagia 'na.'

Cydiodd Mam mewn troli a'i throi hi am y drws, a doedd gen i fawr o ddewis ond ei dilyn. Erbyn i mi ddal i fyny efo hi roedd hi wedi codi sgwrs efo dynes a edrychai'n lled-gyfarwydd, a tharodd y rhestr siopa yn fy llaw heb dorri ar rediad ei brawddeg. Fy ngwaith i, bellach, oedd llwytho'r bwyd i'r drol: tatws, nionod, brocoli, rwdan, cig eidion, fish fingers, te, siwgr, bananas, llefrith, treiffl. Yr un pethau oedd ar y rhestr bob tro.

'Gest ti bob dim?' Edrychodd fy mam yn fanwl ar y darn papur, ac erbyn i mi nôl y bara a'r menyn, roedd wedi cychwyn sgwrs arall. Sefais wrth ei hymyl.

'Glyn 'di hwn, ylwch,' meddai'n falch. 'Wedi mynd i fyw i'r Werddon ers blynyddoedd... job dda gin ti yno, does? Gwneud llunia a magasîns ac ati mae o, ac yn brysur iawn... ond mi fydd o'n dod adra i 'ngweld i'n rheolaidd. Mae o'n aros efo fi am dipyn rŵan i helpu ar ôl mi golli Twm.'

Edrychodd y ddynes fechan arnaf mewn syndod.

'Glyn? Rargol, tydach chi 'di tyfu'n ddyn mawr! 'Sna'm llawer ers i mi'ch gweld chi'n beth bychan ym mreichia'ch mam. Amser wedi mynd, yntê Mari! O, mae collad ar ôl Twm druan, rhyfedd iawn hebddo, wir!'

Roedd yn rhaid i mi ofyn i Mam pwy oedd y ddynes ar ôl iddi fynd.

'Roedd hi'n byw yn y tai cownsil ers talwm pan oeddat ti'n fach. Mi gafodd ei gŵr ei ladd ar y môr – ti'n cofio, dwyt. Ddisgynnodd o o ben mast llong a thorri'i gefn ar y dec. Mi fu fyw am fis... ond marw nath o.' Tarodd fy mam ei llygaid dros y llwyth yn y troli. 'Neith hyn y tro am rŵan. Ty'd at y til.'

Ro'n i'n nabod y ferch oedd yn gweithio ar y til: Gwenda, un o'r genod harddaf yn fy mlwyddyn i yn yr ysgol, a phawb ar ei hôl yr adeg honno. Roedd ganddi frawd, ond lladdwyd o mewn damwain car. Dwi'n cofio'r sioc yn lledu drwy'r dref pan gollwyd o. 'Gyrru yn wyllt' oedd y gyrrwr, yn ôl y papur newydd. Ar ôl iddi golli'i brawd dechreuodd Gwenda fwyta ac yfed yn ormodol, a welai neb fai arni, nes i'w phrydferthwch naturiol fynd ar goll, rywsut.

'Helô, Glyn. Helpu dy fam heddiw?'

Wnes i ddim meddwl y bysa hi'n fy nabod i, ar ôl yr holl flynyddoedd.

'Ia 'sti, trio fy ngora. Ti'n o lew?'

'Dal i fynd, 'de. Lle 'ma'n ddigon prysur... digon i'w wneud.'

'Ers faint ti yma rŵan?'

'O, paid! Rhy hir o lawer. Rhy blydi hir.' Chwarddodd Gwenda wrth osod y nwyddau'n drefnus yn y troli y tu ôl iddi, a dechreuais deimlo'n anghyfforddus. Roedd yr hen Gwenda yn dal yno, a'i gwên yn dal i oleuo'i hwyneb er nad oedd ei bywyd wedi dilyn y trywydd yr oedd hi wedi'i ddisgwyl.

'Pwy oedd yr hogan 'na?' gofynnodd Mam wrth gerdded at y drws.

'Gwenda. Dach chi'n cofio'i brawd hi'n marw mewn damwain car?'

'Iesgob, ma' hi 'di mynd yn anferth o dew. Nes i'm 'i nabod hi! Dwi 'di siarad efo hi lawer gwaith heb dwigio pwy oedd hi.'

'Hisht – peidiwch â siarad mor uchel rhag ofn i rywun eich clywed chi!'

Cododd Gwenda ei llaw arnaf i ffarwelio, a gwenais yn ôl arni cyn troi i bowlio'r troli at y car. Cyn i mi ddechrau llwytho'r bagiau i'r bŵt roedd Mam wedi eistedd yn y car, agor y ffenest a dechrau sgwrs arall gyda dynes fechan a wisgai sbectol dew a het wlân goch, felly gwyddwn nad oedd brys i mi orffen y dasg.

Cymerais fy amser i ddychwelyd y troli i'w gawell, ac erbyn i mi gyrraedd yn ôl roedd y ddynes ddieithr wedi codi'i phen o ffenest y car ac yn hwylio i ffarwelio.

'Nei di 'mo'i chofio hi,' meddai Mam wrtha i cyn i mi gael cyfle i agor fy ngheg i ofyn. 'Ma' hi'n byw yn Rhos-y-bol rŵan, ar ôl colli'i gŵr. Gath hwnnw hârt-atac ar ôl i geffyl ei gicio fo ar y ffarm. Marw yn y fan a'r lle. Peth clên oedd o hefyd.'

'Lan y môr amdani, ia?'

'Ia dos yn d'laen cyn i mi weld rhywun arall! Ma' 'ngheg i'n grimp ar ôl yr holl siarad 'na.'

I'r Goleudy

Pam ar wynab y ddaear symudis i o Gaernarfon i berfeddion y lle dim byd 'ma? Cael pedwar o hogia, un ar ôl y llall, a'r fenga yn cael ei eni ar adeg eira mawr. Pedwar o hogia iach. Byw mewn tai heb ddim lectric na dim byd modern. Glenys wnaeth i mi 'styriad y peth i ddechra – ar ôl i Mam farw roedd hi mor flin drwy'r amser, nes y ces i ddigon arni. Hi oedd y chwaer hynaf ac yn meddwl mai hi oedd y bòs ar bawb yn y tŷ ar ôl i Mam farw. Er mwyn dengid, mi benderfynais briodi Twm, a finna 'mond ugain oed. Roedd Twm yn ffeind a bob dim, ac yn ddyn smart, a chwara teg, ro'n i'n reit hapus efo fo er bod deng mlynadd rhyngthon ni. Fu o erioed yn frwnt efo fi mewn unrhyw ffordd. Y capel oedd ei fywyd o ac mi fu'n rhaid i mi ddod i arfar efo hynny – yn yr eglwys ro'n i wedi fy magu yng Nghaernarfon.

Doedd dim byd ond gwaith wedyn. Llnau a chwcio ac edrach ar ôl plant ar fferm fach yng nghanol nunlla. Doedd Twm yn dda i ddim yn y tŷ, heblaw am olchi'r llestri. Roedd yn well ganddo fod allan yn yr ardd yn tendiad ei datws a'i bys. Ew, mi weithiais yn galad ar y fferm, a wnaeth hynny ddim newid ar ôl symud i'r tŷ capel – mi oedd isio gwneud bwyd i'r pregethwyr, sgwrio stepan y drws ffrynt a sgleinio'r bràs ar y drysau ar ben bob dim arall. Does dim syndod 'mod i wedi blino cymaint ac wedi cael cymaint o draffarth efo fy iechyd. Fasa Mam wedi dychryn gweld sut oedd hi arna i, a finna wedi arfer cael bob dim erioed. Duw, hogan dre o'n i, heb ddim syniad am y wlad a ffermio. I feddwl 'mod i wedi golchi efo dŵr o'r afon, berwi clytiau budron ar y tân a golchi dillad yr hogia i gyd fy hun a gwneud bwyd i bawb. Sgin merchaid heddiw efo'u washing mashîns a'u dishwashars ddim syniad be roedden ni'n mynd drwyddo fo 'radag hynny. Asu, roedd o'n gyfnod calad. Diolch byth bod petha wedi gwella. 'Dwn i'm lle baswn i heb fy hogia bellach, a finna bron â chyrraedd oed yr addewid... mewn hôm ma' siŵr. O leia dwi'n dal i allu mynd allan am dro, efo help y ffon, wrth gwrs. Heb fy ffon mi fyswn i'n gaeth i'r tŷ.

* * *

'O, gwynt braf,' meddai Mam wrth sefyll ar ddechrau'r llwybr tuag at yr hen oleudy.

Teimlais siom nad oeddwn i wedi cyfri sawl gwaith roedden ni wedi cerdded efo'n gilydd i fyny'r lôn fechan heibio tŷ'r peilot ac at oleudy Pwynt Leinws. Gannoedd o weithiau, yn bendant, cyn ac ar ôl i ni golli Nhad. Hwn oedd un o'n llefydd sbesial ni, a deuem yma ym mhob tywydd, bron. Roedd cerdded allan at ddiwedd y penrhyn cul a sefyll o flaen gwydrau'r goleudy yn fath o ryddhad. Ffordd o ollwng ein heneidiau i hedfan dros y môr. Ffordd o gofio ac anghofio poen a thrafferthion.

'Cau dy sgarff yn well cyn i ti gael annwyd.'

'Mae'n iawn fel mae o. Tydi hi ddim yn oer heddiw.'

'O, lle braf 'di hwn! Sbia glas 'di'r môr.'

Ar ôl y glaw roedd yr aer wedi clirio nes yr oedd pobman yn glir fel gwydr. Teimlwn y medrwn gyffwrdd bryniau Ynys Manaw dros ddeugain milltir i ffwrdd ar y gorwel wrth i ni ddechrau cerdded i gyfeiliant clebran y gwylanod a chlochdar y ffesantod yn y caeau. Roedd y penrhyn yn felyn dan flodau'r eithin ac arogl cnau coco yn gryf ar yr awel wrth i'r haul ddechrau cynhesu'r diwrnod. Doedd dim golwg o neb yn nhŷ'r peilot. Adnewyddwyd yr hen le ar ddechrau'r wythdegau i wneud cartref cyfforddus iawn gyda golygfeydd godidog o'r glannau, a phob tro y bydden ni'n pasio, byddai Mam yn rhyfeddu lle mor braf i fyw oedd o. Yn reit aml byddai llongau yn aros yn y bae am y peilot i'w tywys o amgylch yr arfordir tuag at Lerpwl, a byddai cwch y peilot yn angori wrth y jeti ger gwaelod y clogwyn yn barod i dderbyn y peilot a'i hebrwng at y llong. Pan oeddwn yn fychan byddai Nhad yn galw i mewn i sgwrsio gydag un o'r peilotiaid – dyn pen moel a lwmp tua maint marblan go fawr ar ei gorun. Roeddwn yn ei chael yn amhosib peidio edrych ar y lwmp rhyfedd tra oedden nhw'n siarad er i Nhad ddweud wrtha i am beidio.

'Sbia fi fel hen ddynas efo'r ffon bren 'ma!'

'Os ydi hi'n eich helpu i gerdded, be di'r ots?'

'Wn i ddim sut baswn hebddi rŵan, a'r ben-glin 'ma'n chwyddo fel ma' hi. Sbia siâp arni!'

Stopiodd Mam i ddangos ei phen-glin i mi. Byddai'n stopio'n aml i ddangos y chwydd, ond fedrwn i wneud dim iddi heblaw cytuno ei bod wedi chwyddo. Yn ôl Mam doedd gan y doctor ddim cyngor iddi chwaith, heblaw argymell eli drud 'da i ddim' iddi.

Roedd Mam wedi dioddef efo hyn a'r llall hyd y cofiwn i – tagiad caled diddiwedd, pendro, teimlo'n wan, ei gwynt yn gaeth ac, wrth gwrs, cric'malau. Ond y tro hwn, gwelwn fod ei phen-glin yn gwaethygu a bod y chwydd yn fwy ar un ochr.

'Pwy 'sa 'di meddwl y basa gen i ffon fel hen nain!'

'Henaint!' chwarddais, 'dach chi bron yn saith deg, cofiwch.'

'Paid, wir! Mi gei di weld dy hun ryw ddiwrnod. Tydi o ddim yn beth braf, mynd yn hen a methu symud.'

'Dowch rŵan, peidiwch â mwydro.'

'Gei di weld, boi. Dwi'n deud y gwir.'

Aethom rownd y wal fawr wen a gafaelais ym mraich Mam i'w helpu dros y tir caregog anwastad. I lawr wedyn heibio ochr wal y goleudy ac i fyny'r ramp pren oedd yn arwain at y platfform o flaen ffenest fawr lle'r oedd lamp y goleudy. O'r fan hon gwelwn draw at Landudno ac ymhellach i gyfeiriad Rhyl a bryniau Clwyd yn y pellter. Safai Eryri yn agos a hardd mewn llecyn o haul disglair. Er nad oedd llawer o wynt roedd y môr yn ffyrnig tu draw i greigiau'r penrhyn lle cwrddai dau lanw cryf. Byddai'r môr yn berwi yma'n aml, ac ambell waith gwelais gwch y peilot yn ymladd drwy'r llif pwerus ar ei ffordd yn ôl i'r harbwr. Gorffwysodd Mam ar ei ffon ac ar y rêl haearn.

Yng nghysgod yr hen oleudy safem fel petaen ni ar drwyn llong yn palu drwy'r dŵr am y gogledd pell, yn gwrando ar sŵn y rêdar yn troi uwch ein pennau a thwrw weiran denau yn taro'n gyson ar fetel oer un o'r polion radio. Tu hwnt i'r arfordir caregog disgynnai'r clogwyni i lawr yn serth i'r dyfnder lle blodeuai tonnau'n gylchoedd gwyn o gwmpas y creigiau pigog. Roedd llanw cryf bob amser o flaen y pwynt, a'r dŵr fel petai'n cael ei rwygo wrth gael ei dynnu'n ôl a blaen rhwng dau fae dwfn. Gelwid y darn hwn o ddŵr gwyllt yn Llanw Cyllell ar lafar yn lleol – enw ro'n i'n arfer ei ailadrodd yn fy mhen pan oeddwn tua deg oed ac yn mynd efo Nhad i bysgota ar ochr ddwyreiniol y penrhyn. Byddai Mam yn aros yn y car neu ar fainc gyfagos tra byddai Nhad a finna'n ceisio dal pysgodyn.

'Sbia, ma'r haul allan yn Llandudno. O, dwi'm 'di bod yn fanno ers talwm iawn. Efo chdi fues i ddwytha dwi'n meddwl, neu efo Geraint a Menna i siopa Dolig. Lle braf ydi'r prom, a digon o feincia i gael hoe. Ro'n i'n licio mynd i Marks efo Glenys, fy chwaer, ers talwm, ond tydi o ddim yr un fath hebddi. Fedrith dynion ddim siopa fel merchaid, sgynnyn nhw ddim mynadd. Sefyll wrth y drws yn smocio fydda dy dad tra o'n i yn y siop.'

'Dwi'n gweld dim bai arno fo, wir.'

'Be di'r llong fawr 'na'n fan'cw, deuda?'

'*Container ship* dwi'n meddwl. Ew, dach chi'n gweld yn dda – ma' hi'n rhy bell i mi fedru deud yn iawn!'

'Biti na fasa bob dim mor dda â'n llgada i!'

Wrth sefyll ar y pwynt gwelwn yr arfordir yn troi'n glogwyni llechi i'r de tuag at Ynys Dulas, oedd â hen dŵr carreg siâp roced arni. Dyma fy nghynefin go iawn. Tirwedd fy mhlentyndod a 'mreuddwydion. Treuliais ddyddiau lawer yn cerdded y llwybrau hyn ac edrych i lawr ar y môr gwastad yn lledaenu'n bell tua'r gorwel. Pan oeddwn yn drwm fy nghalon byddai'r môr bob tro yn rhoi rhyw fath o synnwyr i 'mywyd a chodi f'ysbryd. Y bywyd gwyllt, yr adar, y morloi, y cwningod a'r sgwarnogod yn fy annog i beidio â cholli gobaith.

Draw ar y penrhyn nesaf mae fferm Rhosmynach. Bu Nhad yn gweithio yno ymhell cyn i mi gael fy ngeni, gan reidio'i feic yr holl ffordd er mwyn godro'r gwartheg i gyd â llaw, ddwywaith y dydd. Welodd o erioed yr ysbryd oedd yn cerdded y fferm: ysbryd hen fynach fyddai'n troedio'r buarth a'r tŷ. Lol oedd o i gyd, medda fo, ond ro'n i'n amau nad oedd o'n dweud yr holl stori.

Doeddwn i ddim mor lwcus â chael gwaith mor agos i adra. Symud i ffwrdd wnes i, ond o edrych yn ôl dyna'r peth gorau y gallwn fod wedi'i wneud. Roedd gen i fywyd i'w fyw; pethau newydd i'w gwneud a phobl wahanol i'w cyfarfod. Gyda'r tymhorau roeddwn innau'n newid.

Er 'mod i'n gwerthfawrogi fy nghynefin a'r hen arferion, ro'n i wedi creu bywyd newydd yn Nulyn. Ond roedd y rhyddid gen i i greu traddodiadau newydd i mi fy hun hefyd – ar noswyl Calan, byddwn yn sefyll o flaen lamp gref y goleudy cyn i'r awr droi am hanner nos i wylio fy nghysgod yn cael ei daflu allan dros y môr du. Gwelwn amlinelliad fy nghorff yn llewyrch y golau, yn bell allan ar y tonnau, wrth i'r flwyddyn newydd gyrraedd, ac ambell fflach o dân gwyllt yn clecian a sbarcio hyd yr arfordir.

Edrychais ar Mam wrth fy ymyl. Roedd ei bochau hi'n goch gan y gwynt.

'Dach chi'n cofio gwylnos y flwyddyn newydd yn y capel, a sut roedd pawb yn gorfod bod yn ddistaw am oria?' gofynnais iddi.

'Yndw siŵr. Peth diflas. Pawb yn deud dim ac isio mynd adra. Pam ti'n holi?'

'Meddwl wnes i rŵan am y boi 'na ddaeth efo'r *record player* a record y Beatles. Gafodd y blaenoriaid andros o sioc pan ddechreuodd y miwsig!'

'Ew, sut ti'n cofio hynna? Oedd, mi oedd ffŷs go iawn, ac allan â'r dyn i'r tywyllwch efo'i record! Duw, petha undonog oedd y Beatles. 'Sa'n well tasa fo wedi dŵad â record Elvis. Roedd yr hen flaenoriaid wedi dychryn clywad y ffasiwn dwrw.' Oedodd Mam i ymgolli yn yr atgofion am ennyd. 'Ty'd,' meddai o'r diwedd, 'ma' hi'n amser i mi 'i throi hi. Dwi'n dechra mynd yn oer.'

Erbyn hynny roedden ni wedi bod yn sefyll yng nghysgod y goleudy am dros hanner awr, ac roedd cymylau duon wedi dechrau ymgasglu tua'r dwyrain. Gwelwn lwydni cawodydd trwm yn tasgu ar y tonnau ymhell allan ar y môr.

'Be 'di'r rheina, deuda? Ti'n 'u gweld nhw yn fan'cw?'

Dilynais ei bys a gweld criw go dda o lamhidyddion yn neidio yng nghanol y dŵr gwyllt.

'Edrach fel porpois i mi. Sbiwch, un arall! Ac un arall, ac un arall!'

Yn sydyn roedd llamhidyddion ym mhob man, eu cefnau'n torri drwy'r tonnau fel cyllyll disglair, eu hasgellau trionglog du yn glir uwchben y llif. Ceisiais eu cyfrif ond methais ar ôl cyrraedd wyth ar hugain.

'Mae 'na bron i ddeg ar hugain ohonyn nhw! Maen nhw'n symud yn rhy sydyn i mi eu cyfri nhw i gyd.'

'Welis i erioed gymaint mor agos i'r lan o'r blaen!' Dechreuodd Mam chwerthin. 'Sbia del ydyn nhw! Ma' nhw'n cael hwyl garw allan yn fanna, yn llawn bywyd. Meddylia braf fasa bod yn 'u lle nhw – cael bod yn rhydd a dim byd yn eu poeni o ddydd i ddydd, dim ond byw a chael hwyl a mwynhau. O, braf arnyn nhw!'

Mi wylion ni'r llamhidyddion yn chwarae am sbel, fel petaent wedi taflu rhyw swyn arbennig drosom, nes i Mam gyfaddef o'r diwedd fod ei choesau'n brifo. Wrth i mi afael amdani i'w chynnal meddyliais mor braf oedd gweld Mam mor hapus, yn hollol fodlon yn gwylio'r anifeiliaid gwyllt. Caeodd ei llygaid a chwythodd y gwynt yn oer dros ei hwyneb. Gafaelodd yn dynn yn y canllaw a rhoi ei phen i lawr. Arhosodd felly am dipyn.

'Ty'd! Fedra i ddim aros yma ddim hirach efo'r ben-glin glec 'ma, ac ma' 'nghefn i'n brifo.'

'Gafaelwch yn fy mraich i fynd lawr y ramp. Gwatsiwch y steps ar y ffordd i lawr. Ma' nhw'n llithrig.' Gafaelais yn llaw Mam.

'Ew, dwylo oer gin ti!' Daeth Mam i lawr yn araf ar y glaswellt gan fynnu y dylwn i chwilio am bâr o fenig da. 'Brysia! Mae hi am gawod drom,' mynnodd, wrth weld y cymylau duon yn cronni. 'Ew, tywydd gwirion. Mor braf ac wedyn newid mwya sydyn!'

'Gynnon ni ddigon o amser. Peidiwch â brysio.'

Aethom yn araf i lawr lôn y goleudy rhwng y ddwy wal gyda'n golygon ar y car yn y pellter. Roedd haul yn dal i wenu ar y môr i'r de ond roedd hi'n ddu y tu ôl i ni, a theimlwn ambell ddiferyn o law yn taro fy nghôt. Chwythodd y gwynt sgarff Mam dros ei hwyneb.

'Dyma fo'n dŵad. Yr hen law 'ma eto! Gawn ni ein socian!'

'Jest iawn yna rŵan.'

Ar ôl deng munud o gerdded gweddol gyflym daethom at ble bu'r hen giât flynyddoedd yn ôl. Helpais Mam ar draws y grid gwartheg a chamodd hithau i mewn i'r car cyn gynted ag y medrai. Neidiais innau iddo, ac wrth i'r gwynt fy helpu i gau'r drws dechreuodd cenllysg trwm guro ar do haearn y car.

'Dim ond cael a chael naethon ni!' Tynnodd mam ei sgarff ac edrych yn y gwydr bach tu ôl i'r fflap cysgodi haul ar y windsgrin. 'Yli golwg ar fy ngwallt i rŵan a finna newydd gael pyrm!'

'Be di'r ots? Fydd y gwallt yn iawn. Sbiwch yn fan'cw – enfys!'

'Enfys? Paid â phwyntio ati hi, neu mi gei lwc wael.'

Arhosais i Mam orffen setlo cyn tanio'r injan: agorodd y ffenest ychydig bach i nadu'r windsgrin rhag niwlio, tynnu ei chap gwlân a'i osod ar y sedd, a chau'r gwregys diogelwch.

'Welais i rioed gymaint o'r porpois 'na o'r blaen,' rhyfeddodd wrth i ni gychwyn am adra. 'Dwi'n cofio gweld un neu ddau pan o'n i'n hogan fach yng Nghaernarfon, ond dim cymaint efo'i gilydd. Ella byddan nhw yna tro nesa hefyd. Ma' nhw wedi codi 'nghalon i rywsut.'

Y Ffatri Glai

Roeddwn yn hiraethu dipyn go lew am Iwerddon erbyn hyn. Rhyfedd oedd meddwl fy mod i, dri mis cyn marwolaeth fy nhad, wedi sefyll yn un o filoedd yn College Green yng nghanol Dulyn i groesawu tîm pêl-droed y Weriniaeth yn ôl gartref o'r Eidal ar ôl eu llwyddiant ysgubol yng nghwpan y byd Italia 90. Ar yr un diwrnod ro'n i ymhlith cannoedd aeth i wrando ar Nelson Mandela yn siarad tu allan i'r Mansion House. Roedd yr holl gynnwrf a'r cyffro yn ymddangos mor bell yn ôl wrth i mi geisio dod i arfer â bywyd tawel cefn gwlad. Fy newis i oedd gadael, wedi'r cwbl. Doedd dim rhaid i mi fod wedi dod yn ôl i aros efo Mam – rhwng fy nhri brawd a'u teuluoedd roedd digon o gymorth ganddi wrth law.

Prin iawn oedd y cyfathrebu rhyngdda i a 'nghariad. Pan oeddwn yn ei ffonio o'r ciosg yn y pentref prin y medrwn gael gafael arni, a phan lwyddwn i'w chael ar y ffôn teimlwn ei bod yn ysu i gael gorffen y sgwrs. Un ryfedd oedd hi, medda Mam, yn ymddwyn fel petai hi isio cysgu drwy'r adeg. Er mai dim ond un waith roedd Mam wedi cyfarfod Siobhan roedd yn ddigon hawdd gweld nad oedd ganddi lawer o fynedd efo'r Wyddeles.

Anfonais ambell lythyr iddi ond anaml y cawn un yn ôl. Roeddwn wedi talu'r rhent ar y fflat am dri mis ac wedi dweud wrth Siobhan fod croeso iddi aros yno, a dyna wnaeth hi, wrth gwrs. Yn ôl Mam ro'n i'n rhy wirion, ac roedd yr hogan yn cymryd mantais arna i.

Teimlwn fy hun yn pellhau yn raddol naturiol oddi wrth Siobhan. Doedd pethau ddim wedi bod yn dda rhyngom ers rhyw hanner blwyddyn, ac roedd teimlad anghyfforddus i'n perthynas. Er i mi siarad efo hi i geisio deall beth oedd y broblem ches i ddim llawer o eglurhad, dim ond mwy o dawelwch.

O'i herwydd hi yr es i i Iwerddon yn y lle cyntaf. Ei chyfarfod wrth iddi fodio ar ochr lôn yn Stiniog am naw un noson, a hithau bron yn dywyll. Roedd hi wedi bod yn cerdded ar y Moelwyn ac wedi'i gadael hi braidd yn hwyr i ddychwelyd, a'r ffordd i lawr o'r mynydd yn anoddach nag yr oedd hi'n ddisgwyl. Treuliais noson yn ei chwmni mewn tafarn yng Nghaernarfon lle'r oedd hi'n aros ar ei phen ei hun am benwythnos hir – dwi'n cofio meddwl yr adeg honno fod mentro ei hun am benwythnos i gerdded mynyddoedd dieithr heb gwmni yn beth braidd yn od i'w wneud. Cefais ei chyfeiriad a'i rhif ffôn ar ddiwedd y noson ac ychydig wedyn dechreuais ysgrifennu ati. Blodeuodd y berthynas ar ôl sawl llythyr. Croesais y môr i ymweld â hi dipyn o weithiau, a syrthiais mewn cariad gydag Iwerddon a hithau. Daeth y rhamant i ben ar ôl blwyddyn go lew... tua'r un adeg ag y gwnaethon ni benderfynu rhannu fflat. Roedd dros drigain milltir o fôr yn ein gwahanu bellach, a dechreuais sylweddoli fod y terfyn yn agos, yn enwedig pan es i i ddal y fferi heb gael math o ffarwél. Ddaeth Siobhan ddim hyd yn oed i lawr i'r porthladd.

* * *

Roedd unigrwydd yn rheswm da i fynd allan am dro. Byddai'r

bywyd gwyllt a'r harddwch naturiol wastad yn codi f'ysbryd, yn hybu'r corff a'r meddwl i barhau er gwaethaf popeth. Roedd Mam a finna'n deall hyn ond doedden ni ddim yn trafod y peth – roedd mynd allan a theimlo'r awyr iach yn ddigon, doedd dim angen meddwl a dadansoddi'n ormodol.

Roedd Ffatri Glai Llanlleiana ger Cemaes yn lle eitha arbennig i ni, ac wedi dod yn un o'n teithiau cerdded rheolaidd. Siwrnai o gwmpas hanner awr yn y car ar hyd ffordd droellog a throi i lawr am Sgotland Bach, fel y gelwid yr ardal gan bobl leol. Mynd heibio giât yr hen waith brics, wedyn dilyn troelliadau'r lôn fechan heibio'r tŷ mawr gyda'r ardd wyllt. Bu rhai pobl ers talwm yn dweud bod aelodau rhyw *cult* yn byw yno. Pan o'n i'n hogyn bach doedd gen i ddim syniad beth oedd *cult* – ro'n i'n amau mai math o anifeiliaid prin oeddynt. Diflasodd perchnogion y tŷ mawr ar y stori honno, a hoelio arwydd wrth ymyl y giât yn dweud 'We are not a cult'. Er yr arwydd, tŷ'r *cult* ydi o i mi hyd heddiw.

Wrth yrru dros y ponciau bychan gwelwn olygfeydd godidog o lesni'r môr a blodau gwyllt yn fwrlwm o liwiau yn y gwrych ar hyd y lôn. I lawr reit sydyn wedyn o'r capel unig ar gopa'r allt a pharcio'r car ger ochr y ffordd, a llonyddwch y lle yn ein taro y munud y byddai injan y car yn distewi. Dim ond lleisiau'r adar a galwadau trist y defaid oedd i'w clywed.

Agorais yr hen giât haearn drom i Mam, a gwichiodd yn ôl i'w lle ar ôl i mi ei gollwng. Cofiais y tro cyntaf i mi ddod yma, fy nhad yn agor yr un giât a hithau'n gwneud yr un twrw'n union. Tua naw oed oeddwn i ar y pryd, a phan welais adfeilion yr hen ffatri glai wrth y môr, meddyliais fy mod i'n gweld un o gestyll rhamantaidd y brenin Arthur. Roedd llawer o hanes i'r llecyn bach diddorol hwn – yn uchel rhwng y tir a'r môr mae safle caer Geltaidd, ac allan yng ngheg y bae mae Ynys Padrig. Dywedir mai ar hon y llongddrylliwyd Sant Padrig pan oedd yn ifanc, a'i fod wedi nofio i'r lan a byw mewn ogof.

'Dowch ffor'ma! Mae llai o ddail poethion yn fama.'

'Paid â mynd yn rhy sydyn, Glyn bach. Dwi'n anwastad weithia, ac ma' 'na ffordd hir lawr i'r gwaelod.'

'Ydi hi'n ddiwrnod da i glywed y gog?'

Wrth gerdded i lawr y llwybr drwy'r cae ger y wal agorodd y cwm bychan allan o'n blaenau. I lawr un ochr tua'r dwyrain rhedai cors eitha mawr yn llawn hesg uchel. I'r gogledd roedd pont werdd fechan yn croesi'r hesg a llwybr yn troi am hen adfeilion y ffatri glai ger y môr. Taflai clogwyni serth eu cysgod ar y coed trwchus tua'r de. Ar ein hochr chwith safai ffermdy gwyn ar graig.

'Mae 'na darw yn y cae wrth y tŷ. Dach chi'n 'i weld o?'

'Yndw. Sbia mawr ydi o. Gobeithio bod y giât wedi cau, wir – fedra i ddim rhedag o'i flaen o, myn diân i! Dwi ofn teirw am 'y mywyd ers i mi gael y ddamwain honno ar y beic ers talwm.'

'Wyddwn i ddim fod teirw yn medru reidio beics!'

'Be? Y lolyn gwirion... fi oedd ar y beic, siŵr Dduw!'

Roedd camfa o'n blaenau a helpais Mam i ddringo drosti drwy roi fy nwylo ar waelod ei chefn i'w chadw hi rhag disgyn yn ôl. Arhosodd Mam ar y stepen uchaf am eiliad i edrych o'i chwmpas cyn dringo i lawr yn ofalus gan deimlo'i ffordd efo'i ffon. Cyn bo hir roeddem yn sefyll ar y bont werdd fechan ymysg coesau hir yr hesg, oedd yn sisial yn ysgafn yn y gwynt.

'Clywch! Brain coesgoch ydi'r rheina ar y clogwyni yn fan'cw.'

'Be 'di'r rheiny?'

'Sbïwch fyny, uwchben yr hen ffatri. Maen nhw'n troelli efo'i gilydd; tua chwech ohonyn nhw.'

Craffodd Mam tua'r môr a chrychu ei thrwyn.

'Edrach fel brain cyffredin i mi. Dwi ddim yn lecio adar du, yn enwedig os ddeith un i'r tŷ. Ti'n cofio brân fawr yn dod i mewn drwy ffenast y parlwr pregethwr yn Tŷ Capal, a finnau newydd llnau y blydi lle? Ew, mi na'th hi lanast, a dy dad yn methu'n glir â'i chael hi allan. Mae deryn du fel'na yn y tŷ yn lwc ddrwg yn ôl yr hen bobol.'

Troellodd a disgynnodd yr adar mewn sbeiral braf dros y clogwyni gan sgrechian yn gras ar y naill a'r llall. Daeth dwy yn weddol agos aton ni, a cheisiais gael Mam i edrych i fyny i weld pigau a choesau coch llachar yr adar. Methodd Mam weld y coch, ond cytunodd nad brain arferol oedden nhw.

Gan fod pen-glin Mam yn dechrau brifo ar ôl sefyll yn yr unfan am hir, aethom yn reit handi i lawr tua'r hen adeiladau ger y traeth gan adael y brain i glebran yn y pellter. Roedd yr haul wedi cynhesu'r cerrig yn y porth bychan yn gynnes braf, ac eisteddodd Mam i lawr ar lechen o flaen y ffatri glai i edrych ar y tonnau diog. Sylwais fod briallu wedi troi'r clogwyni'n felyn – hwn oedd hoff flodyn Mam, ac ers talwm byddai'n eu casglu oddi ar ochr y ffordd a'u rhoi mewn potyn o ddŵr yn y tŷ. Roedd hi wrth ei bodd gyda'r arogl lemon ysgafn.

'Arhoswn ni yma, ia? Sbia, ma' gen i ddau beth da yn fy mhocad.'

Es ati i nôl y taffi. 'Diolch. Dim ond dau sy gynnoch chi?'

'Ia. Nes i ddim meddwl dod â mwy. Stedda di ar y garreg 'ma wrth fy ymyl i... clla cci di dipyn o liw haul. Ti'n welw, braidd.'

Eisteddais am hir yn yr haul wrth stepen drws yr hen ffatri glai efo Mam, heb ddweud gair. Roedd y ffatri'n gysgod rhag yr ychydig wynt a chwythai o gyfeiriad Ynys Padrig, ac ar bnawn fel hwn nid oedd angen poeni am weddill y byd. Dim angen meddwl am y dyfodol. Yng ngwres yr haul, yn gwrando ar gerdd y tonnau a chân hafaidd ehedydd yn atseinio ar y clogwyni, doedd unlle gwell i fod.

Syrjeri'r Doctor

Un da oedd Twm am godi'n fuan a hwylio'r bwrdd brecwast. Roedd o'n ffeind iawn efo fi, ac efo pawb arall hefyd, deud y gwir. Gweithiwr caled fu o erioed, yn torri'r gwair yn y fynwent a llnau'r capel yn ei amser sbâr ar ôl bod yn gweithio i'r cownsil bob dydd. Na, doedd o ddim yn lecio yn y tŷ o gwbl. Wrth 'i fodd yn sgwrsio a holi hwn a'r llall ac ati, a finna'n swnian arno fo bob munud, medda fo, i wneud ambell joban i mi rownd y lle. Isio'i sylw fo o'n i, ma' siŵr.

Roedd o'n hengalad weithia, fel finna. Mi fethais ei gael o i stopio'r smocio gwirion 'na. Mae collad fawr ar ei ôl o... ro'n i'n lwcus iawn i gael dyn mor ffeind.

Dwi'n meddwl o ddifri sut fydd hi pan eith yr hogyn 'ma'n ôl i Werddon. Fy hun fydda i wedyn, debyg, tan ddeith yr hogia eraill draw ar benwythnos. Mae'r wsnosa'n fflio efo Glyn adra. Dwi ddim yn lecio meddwl am y peth, wir – mae'r ffôn gen i, ond wedyn dydi o ddim yr un fath â chwmni. Be tasa rwbath yn digwydd i mi, a finna ar y llawr yn methu cyrraedd y ffôn? Mae'r hogia'n sôn am ryw fotwm coch i'w wisgo rownd fy ngwddw sy'n galw'r doctor os dwi mewn trwbwl. 'Dwn i ddim wir. Heb Glyn fedra i ddim mynd am dro na dim – mi fasa bod yn sownd yn y byngalo bach tywyll 'ma fel meudwy yn ddigon amdana i. Ma' siŵr y bydd hi'n fisoedd cyn i mi gael fflat cownsil yn Amlwch, er bod Alwyn Cownslar wedi dweud y rhoith o'r cynnig cynta i mi petai un yn dod ar gael, a'r doctor wedi gyrru llythyr i ddeud 'mod i ar ben y rhestr, medda fo. Fedra i ddim byw yma fy hun heb siop, bws na Phost – roedd Twm yn mynd i mi tra medra fo, a Glyn rŵan. Biti na faswn i wedi dysgu dreifio pan o'n i'n ifanc er mwyn mynd fel leciwn i.

Dwi'n nabod llai a llai o bobol yn y pentra 'ma bob blwyddyn – tydi'r Saeson ddim yr un fath â ni. O, mae ambell un yn iawn, ond does dim sgwrs gall i'w chael gan y rhan fwya. Petha rwtsh-ratsh ydi lot ohonyn nhw. Ond ma' raid i mi stopio poeni cymaint medda'r hogia, neu mi fydd fy nerfau'n fwy racs nag y maen nhw. Dwi ddim isio mynd ar yr hen dabledi 'na eto – roeddan nhw'n gwneud i mi deimlo rêl twpsyn ac yn fy ngyrru i i gysgu drwy'r amser. Dwi ar ddigon o dabledi fel ma' hi – a sgin i ddim syniad be ma' rhai ohonyn nhw'n da!

* * *

Roedd y dref fechan wedi newid lot fawr er pan o'n i'n hogyn bach yn siopa yn llaw fy Mam – y rhan fwyaf o'r siopau wedi cau a'u drysau a'u ffenestri o'r golwg dan fordiau hyll. Dwi'n cofio sut y bydden ni'n mynd yno ar y bws unwaith yr wythnos ac eistedd yn y sêt tu ôl i Jim, y dreifar, a Mam yn sgwrsio efo Jim yr holl ffordd, bron. Byddai gan Mam tua dwy awr a hanner i wneud ei siopa yr adeg honno cyn iddi orfod dal y bws yn ôl. Roedd y stryd fawr wastad yn brysur a Mam yn adnabod pawb, yn ffrindiau a pherthnasau ar ochr Nhad. Roedd y sgyrsiau'n niferus ac yn unffurf.

'Su'dach chi 'rwsnos yma? Wedi oeri heddiw. Tydi o wedi tyfu. Mi fydd yn ddyn mawr cyn ni sylweddoli.'

'Tydi petha'n ddrud 'di mynd, 'dwch?'

'Ma' petha wedi newid tydyn?'

Bryd hynny, allwn i ddim disgwyl i Mam stopio sgwrsio a symud ymlaen i'r siop nesa. Yn siop y cigydd byddwn yn cael swllt gan y perchennog gan fod Mam gwsmer da, a chawn deisen fechan am ddim yn y becws.

'Torth dun heddiw fel arfer?'

'Dwy, 'sgwelwch yn dda. Mae'r hogyn 'ma wrth 'i fodd efo nhw.'

Roeddwn yn hoffi mynd i'r becws gan fod Mrs Jones mor ffeind a hwyliog, ac arogl y bara ffres yn gwneud i mi fod isio bwyd bob tro.

Wrth ymyl Swyddfa'r Post, yn gwarchod drws ei siop ddillad, byddai Moses yn sefyll. I hogyn bach roedd Moses yn greadur od iawn yn ei hen gôt hir frown golau a'i welintons, a het fach ryfedd uwch ei wyneb hir-drwyn. Roedd gen i ychydig o'i ofn, a deud y gwir, er i Mam fy sicrhau ei fod yn hollol ddiniwed. Bydda Moses yn smalio arwain y traffig yn reit aml gan chwifio'i ddwylo o gwmpas fel plismon. Weithiau, gwelwn ei chwaer yn edrych allan drwy ffenest lychlyd y siop. Iddew oedd Moses, ac anodd iawn oedd dyfalu ei oedran gan ei fod yn edrych yr un peth erioed, fel petai ddim yn heneiddio o gwbl. Roedd rhai'n dweud bod ei deulu wedi dianc o ochrau Rwsia pan oedd yr Iddewon yno'n cael eu herlid cyn yr Ail Ryfel Byd. Bob wythnos, byddai Moses yn cerdded at y môr efo bag plastig yn ei law; ar ôl cyrraedd byddai'n tynnu pêl fechan ohono a'i thaflu at ddrysau pren cwt y bad achub. Nid oedd llawer o synnwyr i gerdded yr holl ffordd i fownsio pêl ond mae'n rhaid ei fod yn cael cysur o wneud. Efallai mai mwynhau'r twrw wrth i'r bêl daro'r pren oedd Moses, neu gysondeb a rhythm y bêl yn bownsio'n ôl i'w ddwylo.

Profiad eithaf gwahanol oedd siopa efo Mam o gwmpas y dre yn y blynyddoedd diweddar. Roedd yr hen gymeriadau wedi diflannu yn dynn ar sodlau'r siopau bychain, a thafarnwyr yn crafangu bywoliaeth. Roeddwn yn adnabod un o'r ysmygwyr a safai tu allan i'r Queens: Tomos Evans, oedd yn yr un flwyddyn â fi yn yr ysgol. Doedd y creadur ddim yn iach ei olwg – ers iddo ddod yn ôl o'r Falklands ni fu bywyd yn hawdd iddo.

Yn y gorffennol safai caffi Avondale dros y ffordd i'r dafarn, yn gweini teisennau ffres a the mewn cwpanau tsieina cain, ond roedd wedi mynd i'r wal ers blynyddoedd. Doedd gan bobl ddŵad y dref ddim amser i steil yr Avondale, mae'n amlwg, ac ar ôl i'r ffatri fawr ar gyrion y dref gau gadawodd y cwsmeriaid ifanc gynted ag y gallent i chwilio am waith.

Tu ôl i'r eglwys a'r fynwent cuddiai'r Memorial Hall. Er bod ambell ddigwyddiad yn dal i gael ei gynnal yno prin oedd y gweithgareddau a'r cyngherddau mawreddog. Gwelwn fod llechi yn dechrau llithro oddi ar y to a gwydr ambell ffenest yn llawn craciau. Pan oeddwn yn yr ysgol byddai cynnwrf mawr bob pnawn Gwener wrth drefnu pwy oedd am fynd i'r disgo yn y neuadd ar y nos Sadwrn. Roedd ein criw ni o chwech o hogia yn Rocars, i gyd â gwalltiau hir a dillad denim gyda thyllau yn y pengliniau, ac enwau ein hoff fandiau wedi eu gwnïo ar gefn ein siacedi. Ac nid disgo arferol oedd hwn ond *The Smart System Rock Roadshow*. Syrthiodd llawer un mewn cariad yn y disgo hwnnw, a finnau yn eu plith. Pan gaeodd y disgo i lawr symudodd y byd yn ei flaen, ond roedd darn o'n hieuenctid wedi dod i ben. Fu dim mwy o syrthio mewn cariad a chwerthin gyda merched oedd yn dawnsio i ganeuon Abba o gwmpas eu bagiau llaw. Dim mwy o gerdded yr holl ffordd adref gan edrych ar y sêr yn llachar uwch fy mhen.

'Sbia, mae 'na le i barcio yn fanna. Dim rhy bell i mi gerddad efo'r goes glec 'ma.'

Gyrrais y car i mewn i gowt y syrjeri. Bob pedwar mis roedd yn rhaid i Mam gael profion gan y doctor, gan ei bod yn dioddef efo'i chalon yn ogystal ag efo'i phen-glin, a dim ond un doctor oedd yn gallu gwneud y job yn iawn yn ei barn hi. Byddai'n ymfalchïo wrth ddweud pa mor astud y bu'r meddyg yn gwrando ar guriad ei chalon, a sut y byddai'n dweud ei bod hi'n tician fel *carriage clock* go dda. Roedd o wedi dod o hyd i naid afreolaidd yn rhythm calon Mam ers rhai blynyddoedd, ond doedd dim y gallai neb ei wneud am y peth heblaw cadw golwg fanwl arni.

'Agor y drws rŵan, a dos at yr hen hogan 'na yn y ffenast i ddeud wrthi 'mod i yma. A' i i ista yn fan'cw.'

Cerddais draw at y dderbynfa a disgwyl i'r ferch y tu ôl i'r ddesg orffen siarad ar y ffôn.

'Hi. Your mam, is it? OK then. Maybe you can help, actually. We're in the process of updating patient details. Do you have another number for your mam?'

'You've got her phone number, haven't you?'

'Yes, but it would be easier if we had another contact for her as well. Does she have an answering machine on the line?'

'Yes, but she doesn't understand how to use it. I've tried to show her, but...'

'Typical. Never mind. I'll just have to do what I can.'

Roedd Mam wedi cadw sedd i mi wrth ei hymyl yn yr ystafell orlawn.

'Be ddeudodd honna? Dim byd o bwys, ma' siŵr, fel arfer.'

'Peidiwch, wir! Beryg iddi'ch clywad chi. Ma' hi'n dallt Cymraeg, ac ma' hi'n trio'i gora dwi'n siŵr. Sut fasach chi'n lecio gwneud 'i job hi?'

'Fasa dim ots gen i. Ma' isio bod yn gleniach na hynna pan ma' rhywun yn gweithio mewn lle fel hyn.'

Wrth edrych o gwmpas yr ystafell gallwn ddeall pam nad oedd y dderbynwraig yn siriol. Edrychai pawb yn flin neu'n wael, neu'n hen cyn eu hamser. Ambell un yn nodio i gyfeiriad Mam a gwneud wyneb diflas i ddangos eu bod wedi gorfod disgwyl yn hir.

'Y Saeson sy wedi dŵad i fyw yma ydi'r broblem. Cyn i'r rhein ddod doedd dim rhaid i neb ddisgwyl yn hir fel hyn. Ma' gormod ohonyn nhw yma, ac maen nhw'n sâl drwy'r adag i weld. Dŵad yma o'r trefydd mawr a meddwl 'u bod nhw'n well na ni.'

'Shwsh... ella'u bod nhw'n dallt Cymraeg.'

'Duwcs, tydyn nhw ddim callach! Sbia siâp arnyn nhw. Fasa'n well tasan ni'n cael ein twrn o'u blaena nhw – wedi'r cwbwl, roeddan ni yma'n bell o'u blaena nhw! Cymry dylia ddod gynta yn fama.'

Edrychais o gwmpas y rhesi cadeiriau plastig. Roedd gan Mam bwynt da. Yn ddirybudd canodd y seinydd uwchben drws stafell y doctor, ac edrychodd pawb i fyny gan ddyfalu sawl claf oedd o'u blaenau nhw. Setlodd pawb yn ôl i'w salwch a'u meddyliau ar ôl gwylio hen wreigan yn ymlusgo drwy'r drws at Dr Owen. Roedd y syrjeri yn un o'r rhai prysuraf i mi ei weld, a rhaid oedd cael apwyntiad wythnosau o flaen llaw, yn ôl Mam, i arbed gorfod aros drwy'r dydd.

Canodd y gloch eto ar ôl rhyw ugain munud ac edrychodd pawb i fyny efo'i gilydd unwaith eto. Nid oedd neb yn siŵr pwy oedd nesaf, a dechreuodd y cleifion sibrwd a phwyntio at hwn a'r llall. Daeth y dderbynwraig allan o'r tu ôl i'w ffenest a golwg wyllt arni, a phwyntio bys at Mam.

'You're next. Hurry up now!'

'Aros di yn fama. Fydda i ddim yn hir. Mae'n talu i neud apointment, yli. Dwi'n ca'l mynd o flaen y rhein sy wedi bod yn disgwyl fel lloeau ers oriau.'

Gwenodd y dderbynwraig arnaf wrth i Mam frysio drwy'r drws. Doedd y lle ddim wedi newid llawer ers degawdau – yr unig wahaniaeth welwn i oedd bod yr ystafell aros wedi cael ei hymestyn er mwyn i fwy o gleifion gael eistedd, a bod ychydig o deganau i blant wedi'u lluchio i'r gornel bellaf.

Agorodd y drws a brasgamodd Emyr, ffermwr a chyfaill ysgol i mi, i mewn.

'Duw, Glyn. Su' ma'i? Ti'n sâl?' gofynnodd.

'Na, ma' Mam i mewn efo'r Doc.'

'O, wela i. 'Nôl presgripsiwn i Dad dwinna hefyd – ei goes o 'di chwyddo'n fawr ar ôl cael coblyn o slap gan yr hen heffar 'cw. Wyt ti adra am dipyn?'

'Ydw. Dwi yma ers tua deufis bellach, yn helpu Mam. Ond mi fydd raid i mi fynd yn ôl i Ddulyn cyn bo hir neu mi ga' i'r sac!'

'Roedd yn ddrwg gen i glywed am dy dad, cofia. Faint sy 'na rŵan?'

'Pedwar mis go lew.'

'Duw, Duw. Amser yn mynd. Cofia fi at dy fam. O leia ti'n dipyn o gwmni iddi.'

Cafodd Emyr ei amlen yn eitha sydyn, a gwaeddodd ei ffarwél wrth gau'r drws yn glep ar ei ôl. Roedd yr aer oer braf yn teimlo'n iach tra bu'r drws yn agored, ond ymhen ychydig funudau teimlwn wres sych yr ystafell aros yn codi unwaith eto nes yr oedd bron â fy mygu. Ar ôl i mi dreulio ugain munud yn smalio darllen cylchgronau merched daeth Mam allan o stafell y doctor yn ei chap a'i chôt.

'Ty'd, i ni gael dal y cemist drws nesa cyn iddyn nhw gau am ginio.'

Gafaelais yn ei braich a'i thywys allan drwy'r drws. Edrychodd y dderbynwraig i fyny o'r tu ôl i'w chyfrifiadur a chefais wên wybodus ganddi.

Eisteddodd Mam ar un o'r cadeiriau ger y silff ffisig annwyd yn y fferyllfa, ac es innau i sefyll yn y ciw a'r papur presgripsiwn yn fy llaw. Roedd nifer o bobol o 'mlaen i, ac edrychais o 'nghwmpas wrth aros. Silff ar ôl silff o ffisig, eli a thabledi, a'r tu ôl i'r cownter roedd mwy o silffoedd hyd at y to yn llwythog â bagiau papur gwyn yn disgwyl i gael eu casglu. Roedd pedwar person yn gwau trwy ei gilydd yn y cefn, a Ken y fferyllydd yn eu canol yn mesur a didoli'r gwahanol gyffuriau.

Un o'r staff oedd Eira – merch oedd dipyn yn hŷn na fi ond un yr oeddwn wedi ei hoffi erioed. Pan oedd yn fengach roedd ganddi wallt hir brown tywyll, llygaid gwyrdd a gwên oedd yn ddigon i wella unrhyw glaf a herciai i mewn drwy'r drws. Sylwais ei bod wedi dechrau britho bellach, ond roedd ei gwên yn dal yn ddigon i godi calon.

Daeth fy nhro wrth y cownter, ac ar ôl i mi gyflwyno'r darn papur, eisteddais wrth ochr Mam i ddisgwyl. Ar ôl deng munud daeth Ken allan o'r cefn i chwilio amdani.

'Dach chi'n o lew, Mrs Jones? Rhwbiwch hwn ar eich penglin i weld os neith o rwbath. Ddwywaith y diwrnod.'

'Toes 'na bobl sâl yma 'dwch!' meddai Mam ar ôl derbyn y cyfarwyddyd.

Chwarddodd Ken. 'Fasa'n well 'u saethu nhw i gyd. Mi gawn i fynd ar fy ngwyliau wedyn!'

Pan oeddem yn y car ar y ffordd adref, dechreuodd Mam ganu clodydd y meddyg unwaith yn rhagor. Fo oedd yr unig un oedd yn gwybod sut i wrando ar ei chalon. Unwaith, meddai, ceisiodd y nyrs wrando ar ei chalon tra oedd y doctor yn delio gydag argyfwng, ond methodd honno'n lân â chlywed unrhyw newid yn y rhythm.

'Glywodd o'r herc yn eich calon chi heddiw?'

'Do siŵr, yn syth bin. Duw, un da ydi o.'

'Mi gawsoch eli go dda i'r pen-glin hefyd.'

'Do, ond wneith hwnnw ddim byd ma' siŵr, yn ôl Doctor Owen.'

Gadael

Pan ffoniais y gwaith i ofyn am ychydig bach mwy o amser adref roedd fy mòs yn deall, ond clywais y straen yn ei lais pan ddywedais 'mod i angen wythnos arall. Roedd y busnes wedi prysuro a gan mai fi oedd y prif ddylunydd, fy nyletswydd i oedd edrych ar ôl cynnyrch y stiwdio i gyd, fwy neu lai. Byddai angen i mi fynd yn ôl cyn hir. Er fy mod yn poeni am Mam roedd mynd yn ôl i Iwerddon yn demtasiwn. Teimlwn hiraeth am fy ffrindiau, y sgwrsio, y wefr o fynd allan i wrando ar gerddoriaeth a gweld ffilmiau, a chael ambell beint o Guinness ar ôl y gwaith ar nos Wener. Hefyd, roedd yn rhaid i mi wagio'r fflat – roedd fy mherthynas â Siobhan bellach wedi dod i ben ac roedd y fflat yn rhy ddrud i un person. Y cam nesaf felly oedd canfod rhywle arall i fyw. Er bod ansicrwydd yn fy nisgwyl roeddwn yn edrych ymlaen at ailafael yn fy mywyd, ac ailafael mewn rhyddid.

Dwi'n cofio teimlo rhyddid am y tro cyntaf pan oeddwn yn hogyn. Yn ystod gwyliau hir yr haf byddwn yn cael mynd ar wagan y Cownsil efo Nhad a'r criw o ddynion caredig oedd yn gyfrifol am edrych ar ôl y ffyrdd. Un haf yn y saithdegau, cefais fynd efo nhw i Gemlyn, ble'r oedden nhw'n adeiladu wal fôr newydd a maes parcio. Tra byddai'r dynion yn gweithio byddwn yn cerdded hyd yr arfordir yn chwilio am bethau diddorol i'w gwneud. Roedd sawl traethell fechan garegog i mi chwarae arnynt, a digon o glogwyni diddorol i mi eu dringo. Dihangfa lwyr oedd cael cerdded y glannau ar fy mhen fy hun – rhedeg yn ôl ac ymlaen rhag y tonnau, gwylio ambell forlo'n hamddena, ac ar ddiwrnod clir gallwn weld bryniau Ynys Manaw fel neidr werdd hyd y gorwel. Weithiau, crwydrwn mor bell â gorsaf bŵer yr Wylfa. Roeddwn ofn y lle mawr llwyd, a feiddiais i erioed fynd dim pellach na'r *outflow*. Cefais flas ar ryddid yr haf hwnnw... cael gwneud fel y mynnwn, dim ond i mi addo i Nhad na wnawn i ddim byd peryg.

* * *

Roedd traeth Cemlyn yn un arall o hoff lefydd Mam a finnau. Cerdded oddi wrth y tŷ gyda'r wal fawr wen tuag at bwynt Creigiau Harri Furlong, neu eistedd yn y car ar y traeth â'r drws yn agored i fwydo'r hwyaid, y gwyddau a'r elyrch. Cefais hanes y tŷ mawr ar y traeth gan fy nhad – roedd o'n cofio Capten Vivian Hewitt yn byw yno, yn ddigon tawel, ar ei ben ei hun. Miliwnydd oedd Vivian Hewitt, yn ymddiddori mewn hedfan awyrennau. Fo oedd y dyn cyntaf i hedfan o Gymru i Iwerddon mewn awyren yn 1912, ac roedd Nhad yn ei gofio'n mynd o gwmpas y lle efo parot dof ar ei ysgwydd.

'Wnaethoch chi gloi drws y tŷ?' gofynnais i Mam cyn cychwyn.

'Do. Dos yn dy flaen rŵan!'

Taniais injan y car a symud yn araf allan i'r ffordd. Roedd Joan, oedd yn byw drws nesa, yn sefyll wrth y giât.

'Stopia am funud, 'cofn 'i bod hi isio rwbath o'r siop.' Agorodd Mam ei ffenest a gweiddi ar y ddynes, 'Do you need anything from the shop?'

'No thank you, luv. I'm fine. Where you goin'?'

'To Cemlyn for some fresh air,' atebodd Mam yn hapus cyn cau ffenest y car, a chychwynnais i fyny'r allt yn reit sydyn.

'Paid â sbîdio!'

'Dim ond fforti dwi'n neud!'

'Wel does 'na'm brys, nag oes, neu mi fyddan ni'n ôl cyn cyrraedd.'

Saesnes oedd yn byw y drws nesaf i fyngalo Mam, wedi symud i'r ardal efo'i gŵr wyth mlynedd ynghynt. Er i'r ddau fod yn cadw'r Swyddfa Bost fechan leol ni cheisiodd yr un o'r ddau ddysgu Cymraeg. Dim hyd yn oed ambell air, dim hyd yn oed 'croeso' neu 'ddiolch'.

'Mae 'na ddwy flynedd ers i ŵr y Joan 'na farw dwi'n siŵr. Smociwr mawr. Peth digon rhyfadd 'di hitha hefyd. Weithia neith hi ddim sbio arna i, a finna dan 'i thrwyn hi. Peth gwael am sgwrs ydi hi, ac mae'r lle'n drewi efo'r hen ddau gi 'na.'

'Ma' hi'n dreifio, yn tydi?'

'Yndi, dim ond i neud negas ac yn ôl. Does ganddi hi ddim syniad lle ma' Cemlyn 'sti.'

Cymerais droad i'r chwith yng nghroesffordd Ynys Felen. Bob tro yr awn drwy'r groesffordd byddai Mam yn siŵr o sôn am ei damwain beic flynyddoedd ynghynt. Wrth iddi ddod i lawr y clip o allt efo bagiau siopa ar y llyw, daeth car yn sydyn o'r ochr chwith a'i dychryn nes iddi golli rheolaeth ar y beic a tharo'i phen yn galed ar y lôn.

'Fama ges i'r slap 'na ar y beic flynyddoedd yn ôl. Brifo fy 'mhen a thorri fy sana newydd.'

'Roeddach chi'n beryg ar y beic 'na! Dach chi'n cofio'r tarw?'

'O 'rarglwydd, ia! Cau symud oedd o, yng nghanol y lôn. Mi wnes i drio mynd o'i gwmpas o, ond ar f'ôl i ddaeth o! Roedd yn rhaid i mi roi ffling i'r bagia negas a'r beic a'i heglu hi dros y wal i'r cae neu mi fysa wedi fy lladd i. Malu fy sana neis yn racs 'radeg honno hefyd. Uffar mewn croen oedd y tarw 'na!'

'Yn ôl Nhad, chi nath banicio – fasa'r tarw ddim wedi'ch twtsiad chi.'

'Iawn iddo fo ddeud. Be wyddwn i am deirw? Hogan dre o G'narfon o'n i. Sut o'n i i fod i wbod sut i handlo tarw?'

Roedd y ffordd fechan yn llawn tyllau. Sbonciodd y car rhyngddynt wrth i mi bwyso ar y sbardun i ddringo'r allt serth tu ôl i Fynydd Parys.

'I be ti isio dod ffor'ma? Mae 'nannadd i'n ysgwyd yn 'y ngheg i ar y lonydd 'ma!'

'Short-cyt ydi hon. Sbario mynd y ffordd hir. Dwi lecio'r lôn yma.'

'Wel, dwi ddim.'

O'r diwedd, cyrhaeddais y lôn fawr a throi i'r dde, dros y mynydd ac i lawr yr allt tuag at yr ysgol. Ar fy ochr i o'r ffordd llosgai lliwiau copr Mynydd Parys yn oren, coch, melyn, brown, glas a gwyrdd – creigiau yn llawn mwynau a hanesion. Ac ar ben hyn i gyd, lliwiau hardd y grug a'r eithin. Ar ochr Mam disgynnai'r caeau i lawr tuag at waelod y dyffryn. Roedd dwy siafft fawr agored yn y cae.

'Ydach chi'n cofio'r hogyn druan 'na'n disgyn i lawr y siafft?'

'Yndw siŵr. Hogyn fy ffrind oedd o. Cradur bach, fuon nhw am hir yn trio codi'i gorff o o'r gwaelod.'

'Dwi'n cofio gweld y craen melyn wrth ben y siafft pan o'n i'n mynd i'r ysgol. Roedd yr hanes yn y *Daily Post* a'r *Herald* ar y pryd, a siaradodd y Prifathro am y ddamwain yng ngwasanaeth yr ysgol hefyd.'

'Duw, roedd o ar y TV wrth iddyn nhw drio cael hyd i'r peth bach. O, meddylia am 'i fam o! Syndod 'i bod hi mor dda, deud y gwir. Y cradur bach yn y gwaelod a neb yn gwbod 'i fod o yno. Lle peryg ydi'r mynydd 'ma i blant. Dwi'n gwbod yn iawn dy fod di a dy ffrindia wedi bod yn chwara yma 'stalwm er i mi ddeud wrthat ti am beidio. Dod adra'n llwch melyn i gyd a chlai coch ar dy sgidia. Digon hawdd gweld lle oeddat ti wedi bod.'

'Ro'n i'n ofalus bob tro.'

'Digon hawdd deud. Un godwm yn y lle anghywir ac i lawr â

chdi! O, dwi wedi poeni amdanat ti dros y blynyddoedd, chdi a dy frodyr. Dim rhyfadd bod 'y mhen i'n wirion!'

Lle da i chwarae oedd y mynydd i blant lleol. Rasio beics hyd y llwybrau a thaflu cerrig i lawr y siafftiau dwfn nes clywed y garreg yn taro'r dŵr yn y gwaelod du. Roedd y twrw yn werth ei glywed – sŵn erchyll yn atseinio'r holl ffordd i fyny gwddw oren y siafft. Unwaith, wrth gerdded ar hyd yr hen lwybr o Gerrig y Bleiddiau, edrychais i lawr siafft sgwâr agored a gwelais lu o lygaid bychan yn edrych yn ôl arnaf. Neidiais yn ôl wrth i bedair neu bump o golomennod hedfan allan a dros fy mhen. Roedd Mam yn iawn, wrth gwrs, roedd o'n andros o le peryg i blant.

Yn anffodus, roedd y tywydd wedi troi erbyn ni gyrraedd traeth Cemlyn ac roedd yn dechrau pigo bwrw. Parciais gyferbyn â wal y môr, a bron yn syth daeth ambell hwyaden at ddrws y car i weld beth oedd i'w gael. Cafodd yr adar siom, fodd bynnag, gan fod Mam wedi gadael y bara ar ben y peiriant golchi wrth nôl ei ffon.

'Dwi am fynd allan am eiliad, lawr at y môr, iawn?'

'Wna i ddim symud o fama. Ma' hi am law mawr – sbia'r awyr 'na. Paid â bod yn hir neu mi fydda i 'di oeri wrth ddisgwyl amdanat ti. Gei di annwyd, a chditha isio mynd yn ôl i Werddon.'

Cerddais i lawr y traeth cerrig serth at y môr. Roedd yr awyr yn llonydd cyn i'r glaw gyrraedd, fel petai popeth yn disgwyl amdano. Wrth syllu tua'r gorwel gwyddwn fod yn rhaid i mi adael am Iwerddon cyn i Mam ddechrau dibynnu gormod arna i, a finna arni hithau. Roeddwn yn teimlo'n saff adra efo Mam, yn cuddio rhag y byd mawr drwg, cuddio rhag penderfyniadau a'r dyfodol. Doedd dim dewis – y peth gorau i'w wneud er mwyn Mam a finna oedd i mi adael. Roedd tri mis wedi mynd yn llawer cynt na'r disgwyl.

Chwipiai ambell don ar hyd yr hanner lleuad o draeth. Doedd dim wedi newid er pan oeddwn yma'n hogyn bach gyda Nhad. Roedd wal y môr yn dal i sefyll, ond dim ond ei hanner oedd yn y golwg bellach gan fod llanw ar ôl llanw wedi symud tunelli o gerrig i fyny'r traeth a'u llwytho yn erbyn ei hwyneb. Yn bellach allan tua'r gorwel, o dan yr awyr lwyd, gwelwn fod y tonnau'n dechrau cynhyrfu wrth i'r gwynt godi, ac roedd cwch hwylio yn anelu tuag at yr harbwr agosaf. Rhedais at y car wrth i'r glaw ddechrau gwlychu'r cerrig.

'Yli, ti'n wlyb rŵan. Ddeudis i.'

'Dwi'n iawn. Mae'r gôt 'ma'n gynnas ac yn dal dŵr. Peidiwch â ffysian!'

'Annwyd fydd hi, a chditha isio mynd. Ella gei di ffliw, ac wedyn mi fydd raid i chdi aros adra i wella.'

'Na chaf. Beth bynnag, rhaid i mi fynd yn ôl i Ddulyn wsnos nesa neu fydd gin i ddim job. Ma' raid i mi glirio'r fflat hefyd, a ffeindio lle newydd i fyw.'

'Wsnos nesa! Sydyn iawn.'

'Ddeudis i hynny wrthach chi'r diwrnod o'r blaen. Rhaid mi fynd wsnos nesa.'

'Paid â mynd i gysgu mewn gwely tamp, neu mi gei di gric-mala fel fi. Gwna'n siŵr fod petha'n sych. Ond mi fydd yn well arnat ti rŵan bod yr hogan ddiog 'na wedi mynd. Welis i rioed un mor swrth â honna. Bron â chysgu uwch 'i phanad unwaith, a honno wedi mynd yn hollol oer.'

'Rwdlian dach chi rŵan. Mi fydda i'n ôl adra cyn pen dim – mi dria i ddŵad bob mis os fedra i, er mwyn mynd â chi allan yn y car fel 'dan ni wedi bod yn neud.'

'Fydda i ddim yn gwbod be i neud efo fi fy hun. Mi fydd hi mor ddistaw. Ma' amser yn pasio'n gynt pan wyt ti adra.'

'Mi fydd yr hogia eraill yn ôl a blaen bob wsnos, ac ella byddwch chi wedi cael hanes fflat erbyn i mi ddod adra nesa. Mae'r cynghorydd 'na yn siŵr o gael lle i chi. Fyddwch chi rêl boi wedyn, yn cerdded i'r siop ar ben eich hun.'

'Ti'n siŵr na fedri di aros am wsnos arall?'

'Na. Mae'r dyn isio fi'n ôl, chwara teg iddo. Mae o 'di bod yn dda iawn efo fi. Mi golla i fy job os nad a' i'n ôl, a fyswn i ddim yn gweld bai arno fo chwaith.'

'Wedi laru efo fi wyt ti, ia? Wedi ca'l digon o edrach ar ôl hen ddynas fel fi?'

'Sdim isio bod fel'na. Dwi yma efo chi ers dros dri mis rŵan. Rhaid i mi fyw fy mywyd, bydd? Ddaw'r hogia eraill draw yn syth os ydach chi isio rwbath.'

'Wn i hynny, ond ma' siŵr na ddaw Dewi ryw lawar, a Glenda wedi cael y newyddion drwg. Damia'r hen ganser 'na'n dod yn ôl. Ar ôl yr holl driniaeth gafodd hi yn Lerpwl, a hitha wedi gwella mor dda ers blynyddoedd dim ond i gael y sglyfath yn dod yn 'i ôl. Druan ohoni.'

Taniais yr injan a throi'r gwresogydd ymlaen. Ro'n i'n flin efo agwedd hunanol Mam, yn ceisio gwneud i mi deimlo'n euog er ei bod hi'n gwybod yn iawn bod yn rhaid mi fynd er lles y ddau ohonon ni. Roedd y ffenestri'n dechrau cymylu â stêm, ac wrth i mi yrru'n araf ar hyd y lôn anwastad fedrwn i ddim peidio tristáu wrth feddwl am Glenda, yn gorfod cwffio eto a hitha wedi bod yn rhydd o'r canser am dros ddeng mlynedd.

'Niwsans 'di'r tywydd 'ma. Dim byd ond glaw,' cwynodd Mam, i droi'r sgwrs a llenwi'r tawelwch annifyr.

'Ydach chi isio stopio yn Kwiks tra 'dan ni'n pasio?'

'Nag oes. I be? Well gin i fynd adra am banad.'

Wrth i ni ddilyn y ffordd ar hyd yr arfordir daeth enfys i'r golwg, a haul cryf i oleuo copa gwyrdd bryn cyfagos. Gwibiodd ambell wylan o flaen y car, yn methu'n glir â hedfan yn erbyn y gwynt.

Ar y Fferi

Ers pedair blynedd bellach roeddwn yn byw mewn fflat newydd yn ardal Terenure, dair milltir o ganol dinas Dulyn. Dim ond digon mawr i un oedd o, ond roedd gen i gegin a stafell molchi i mi fy hun a golygfa o'r parc cyfagos. Gallwn reidio fy meic yn reit handi i 'ngwaith o'r fflat, gan osgoi'r holl draffig. Ers rhai blynyddoedd roedd ffyrdd y ddinas wedi mynd yn afresymol o brysur gyda miloedd o bobl yn llifo i mewn ac allan ar eu hyd bob dydd. Ugain munud oedd y siwrne i fy swyddfa newydd yn Merrion Square – byddai'r bws yn cymryd awr yng nghanol y *rush hour*. Roedd hi'n 1995 a'r wlad ar ddechrau chwyldro a llwyddiant economaidd aruthrol gyda charlam y Teigr Celtaidd ar gychwyn. Cefais gyfle i ddod yn bartner yn y cwmni dylunio, a phrysurodd y gwaith yn ofnadwy gan olygu na allwn fynd adref at Mam mor aml ag y byswn i'n dymuno. Cynyddu oedd y pwysau a'r cyfrifoldeb arnaf, a doedd dim digon o oriau mewn diwrnod i ddygymod â'r holl brosiectau oedd gen i ar fy mhlât. Dechreuais deimlo'n flinedig, ond eto ro'n i'n cael trafferth cysgu. Dim ots pa mor galed ro'n i'n gweithio doedd dim diwedd i'r llif o gylchgronau, taflenni a phosteri.

Fel manna o'r nefoedd, dechreuodd gwasanaeth llong catamarán cyflym yn ôl ac ymlaen i Gaergybi y flwyddyn honno, a gan mai dim ond dwyawr a gymerai'r fferi newydd i groesi daeth y siwrnai'n llawer mwy hwylus. Bob pum wythnos byddwn yn siŵr o fachu ar gyfle i neidio ar y Stena HSS a dianc o brysurdeb a thwrw'r dref.

Bu Mam yn lwcus iawn yn cael fflat yn weddol sydyn ar ôl i mi ddychwelyd i Iwerddon. Cadwodd y cynghorydd lleol at ei air a llwyddodd llythyr y doctor at y gwasanaethau cymunedol i symud enw Mam i fyny'r rhestr. Ymhen rhyw chwe mis ar ôl i mi adael symudodd Mam o'r byngalo bach yn y wlad i fflat gweddol fawr yn Amlwch. Cludodd Tecwyn, un o flaenoriaid y capel, ei dodrefn ar gefn ei dractor a'i drelar, a symudwyd gweddill y pethau o'r byngalo gan fy mrodyr. Medrais innau fynd adref am benwythnos sydyn er mwyn symud y car a gweld ei chartref newydd. Roedd y rhyddhad yn amlwg ar wyneb Mam, a'i llais yn ysgafnach nag arfer. Roedd cael symud o'r diwedd yn agos at siopau, banc, Swyddfa'r Post a'r doctor fel dechrau newydd iddi. Wrth i mi helpu i symud ambell focs bychan yn y car y penwythnos hwnnw fedrwn ddim peidio â meddwl am Nhad. Y byngalo oedd y lle olaf iddo fyw. I'r llofft gefn y daeth ei arch cyn yr angladd, cyn iddo gael ei gladdu yn y fynwent gyferbyn a Tŷ Capel. Pan gaeais y drws ffrynt ar fy ôl am y tro olaf meddyliais am Nhad yn eistedd yn yr ardd gefn yn cael smôc a phaned ar noson braf o haf. Daeth ton o dristwch drosta i a cheisiais fy ngorau i ddreifio i Amlwch heb ddangos 'mod i wedi ypsetio.

Erbyn hyn roedd Mam wedi hen arfer byw yn y dref fechan ac wedi creu patrwm rheolaidd i'w dyddiau. Cafodd flas ar fod yn annibynnol unwaith yn rhagor... am sbel, o leia. Roedd y fflat wedi plesio, heblaw am y grisiau concrit i gyrraedd y llawr cyntaf.

* * *

Gadawais y beic yn Dún Laoghaire am hanner awr wedi chwech ar fore Sadwrn, fel y byddwn yn arfer wneud, gan obeithio na fyddai neb yn ei ddwyn. Beicio oedd y ffordd ora i gyrraedd y porthladd yn ogystal â'r gwaith – fedrwn i ddim dibynnu ar dacsi i droi i fyny a doedd 'run bws yn rhedeg mor fore. Roeddwn eisoes wedi colli pump o feics yn Nulyn felly beic go wael oedd hwn, ond roedd o'n ddigon da. Codai'r haul yn araf yn y dwyrain tra oeddwn yn gwrando ar y datganiad diogelwch oedd yn cael ei ddarlledu dros y llong. 'You will hear two short blaaasts...' Roedd y ffordd fawreddog yr oedd y darlledwr bob tro yn dweud *blast* yn mynd ar fy nerfau.

Fedrwn ddim cofio sawl gwaith ro'n i wedi croesi Môr Iwerddon, ond yn bendant, roedd yn agos i gant o siwrneiau dros y blynyddoedd. Roedd y llong catamarán fawr wedi gwneud pethau gymaint yn haws i mi – byddwn yn cyrraedd Caergybi am naw y bore, dal bws wedyn a chyrraedd fflat Mam tua deg o'r gloch. Fel arfer byddai'n gweithio'n dda, ond pe byddai'r llong hyd yn oed chwarter awr yn hwyr, cael a chael fyddai hi i ddal y bws.

Yn ystod pob siwrnai, eisteddwn ar flaen y llong, y tu ôl i'r ffenestri mawr a redai o un ochr i'r llong i'r llall. Yr adeg hon o'r bore cawn lonydd, a gallwn gysgu'n reit dda nes y byddai'r llong yn nesáu at forglawdd Caergybi. Roedd y daith fel bod rhwng dau fyd, rhwng dau fywyd; dim ond fi yng nghanol dieithriaid yn tawel groesi darn o ddŵr. Dim pwysau, dim gofidion, a neb yn gofyn dim gen i. Hafan. Gwelwn yr un bobl yn teithio'n ôl ac ymlaen, a dwi'n siŵr eu bod nhw'n sylwi arna innau hefyd. Byddai un ferch ifanc dlos yn teithio efo bygi a babi ifanc iawn. Gwelwn hi'n teithio'r ddwy ffordd, gyda'i phartner yn ei chasglu yng Nghaergybi, a hithau'n dal trên y Dart ar ei phen ei hun yn Iwerddon. Byddwn yn ei helpu i gario'r bygi i fyny'r grisiau yn stesion y Dart ambell waith, ond er ein bod yn gweld ein gilydd mor aml wnaethon ni erioed sgwrsio, dim ond, 'Ta, you're a star!' neu 'No probs, you're welcome,' neu 'That's grand, thanks a million'.

Heb y fferi sydyn a'r ticedi rhatach oedd i'w cael efo'r cerdyn *frequent traveller* mi fasa hi wedi bod yn anodd gweld Mam yn rheolaidd. Ar y ffordd yn ôl i Iwerddon gallwn ddal bws cynnar i Gaergybi ar fore Llun, cysgu am ddwyawr ar y llong a chasglu fy meic tu allan i'r porthladd er mwyn beicio i mewn i'r dref i ddechrau gweithio cyn hanner dydd.

'We are now approaching Holyhead Harbour. Will all foot passengers exit via the gangway on the port side. Please wait for further disembarcation instructions.'

Wedyn, yr un neges mewn Pwyleg, Ffrangeg, Sbaeneg ac Almaeneg. Doedd dim Cymraeg ar y Stena Line.

Fyddwn i byth yn cael fy stopio fel rhai o'r teithwyr eraill – roedd yr heddlu a'r swyddogion mewnfudo'n fy adnabod erbyn hyn, ac yn deall 'mod i ar frys i ddal y bws. Rhedais drwy'r stesion ac i fyny grisiau'r bont droed dros draciau'r trenau. Hon oedd y ffordd gyntaf i'r safle bysiau – petai'r bont ar gau gan fod rhyw ddihiryn wedi fandaleiddio'r lle, byddai'n rhaid i mi fynd yr holl ffordd ar hyd y lôn fawr.

Wrth sefyll tu allan i Institiwt y Rheilffordd yn disgwyl am y bws cefais fy atgoffa fy mod yn wir wedi cyrraedd byd arall. Doedd dim o gyfoeth Dún Laoghaire yng Nghaergybi, yn bendant, na'r Teigr Celtaidd. Chwythodd papurau tships i lawr y lôn a sylwais fod rhyw fonheddwr wedi chwydu gweddillion ei Indian y tu allan i ddrws y toiledau. Croeso i Gaergybi.

Mewn oddeutu pum munud daeth y bws, a Iona, merch oedd yn yr ysgol efo fi, yn ei yrru. Priododd ffarmwr lleol ond wrth i'r diwydiant hwnnw fynd yn anoddach dechreuodd yrru bysys i helpu efo'r biliau.

'Ti adra eto! Pam na chei di job ar y llonga 'na, deuda? Ti'n gwbod y ffordd yn well na neb erbyn hyn!'

Roedd Iona'n iawn – ella y bysa job ar y llonga'n fy siwtio i'r dim. Eisteddais yng nghanol y bws bychan ac aeth dau o hogia i eistedd yn y cefn i gael smôc er bod hynny wedi ei wahardd. Un dda oedd Iona – roedd hi wastad yn awyddus i orffen ei shifft ar amser er mwyn mynd adra i'r ffarm felly byddai'n gyrru'n gyflym ar hyd y lonydd bychan. Yr un rhai fyddai wastad yn dal y bws yr adeg yma o'r bore felly roedd Iona'n gwybod yn iawn ble i arafu a stopio.

Ysgytiodd ffenestri'r bws wrth i ni fownsio ar hyd y lonydd tyllog at bentref Llanfachraeth ble dringodd Jim Un Fraich i'r bws wrth y dafarn.

'Yna ac yn ôl plis, Iona.'

'Lle ti'n mynd? Queens?' holodd Iona.

'Na. King's am tshênj.'

Eisteddodd Jim yn y cefn gyda'r ddau lanc a dechreuodd yntau smocio hefyd. Collodd Jim ei fraich mewn damwain beic modur pan oedd yn ifanc, ac er ei fod yn dal i wisgo'i gôt ledr beicar, aeth o erioed ar gefn beic ar ôl hynny. Collodd ei fraich, ei swydd efo'r Post a'i wraig. Doedd pethau ddim wedi bod yn hawdd i Jim.

Gwelais lethrau oren Mynydd Parys yn dod i'r golwg a throdd y bws i lawr i Gemaes. Roedd y pentref bach newydd ddeffro ac ambell hen ddynes yn nôl papur newydd a bara o'r becws gyferbyn â'r arhosfan. Ddaeth neb ar y bws yno, a doedd Iona ddim am ddisgwyl am unrhyw hwyrddyfodiaid. Ymhen sbel, sleifiodd y bws heibio i gwrs golff Porth Llechog a gwnaeth yr haul ymddangosiad i oleuo'r cwrs yn wyrdd bywiog.

'Tisio i mi stopio yn Lôn Gul, Glyn?' holodd Iona.

'Ia, iawn. Diolch.'

Agorodd y drws gyda chlep go fawr a neidiais i lawr y stepiau bach.

'Diolch, Iona. Wela' i di eto.'

'Ben bora Llun ma' siŵr, ia?'

Chwythodd mwg du allan o egsôst y bws wrth iddo wibio ymaith, ac wedi iddo ddiflannu aeth hi'n dawel, dawel. Doedd neb ar y lôn am hanner wedi naw yn Amlwch. Cerddais ar draws y lôn fawr ac i lawr Lôn Gul. Roedd gwartheg duon yn pori yng nghaeau fferm Cae Rhys, a chanai adar bach y bore yn y gwrych.

Cerddais heibio i gae pêl-droed y dref ac at y tai cownsil – roedd mor anodd credu fy mod, bedair awr ynghynt, yng nghanol prifddinas Ewropeaidd brysur oedd yn gartref i dros filiwn o bobl.

Ar ôl pasio'r orsaf dân a Chapel Bethania gallwn weld fy hen Renault wrth ochr yr adeilad ble'r oedd fflat Mam. Roedd gweld y car yn deimlad od, gan ei fod yn union fel y gadawais o: fy nghôt ar y sêt gefn a photel olew blastig ar sêt y dreifar. Yr unig wahaniaeth oedd bod gwylanod wedi maeddu drosto a dail wedi casglu o dan y weipars. Agorais ddrws ffrynt y fflatiau a rhedeg i fyny i'r llawr cyntaf ac i gegin fechan Mam. Doedd dim wedi newid yno ers y tro diwethaf, popeth yn ei le.

'Pwy sy 'na? Glyn?' gwaeddodd o'r ystafell fyw.

'Ia, dwi adra.' Camais drwodd i weld Mam yn eistedd efo paned a thost o'i blaen.

'Ti'n hwyr iawn. O'n i'n meddwl nad oeddat ti'n dŵad.'

'Be? Dwi'n gynt nag arfar, os rwbath.'

'Pam na fysat ti wedi ffonio o Gaergybi?'

'Mi oedd rhaid i mi fynd yn syth am y bws. Taswn i wedi ffonio mi faswn wedi'i golli o.'

'Duw, ta waeth, ti yma rŵan. Dos i neud panad a ty'd â mwy o dost i mi. O, ma'n braf cael rhywun i siarad efo fo eto. Dwi bron â mynd yn wirion ar ben fy hun yn y lle 'ma!'

Eisteddais ar y soffa gyferbyn â Mam efo paned o de a brechdan, gan anwybyddu ei thymer ddrwg – ro'n i'n gwybod mai sioe oedd o i gyd.

Roedd popeth yn y stafell hon hefyd fel pìn mewn papur, yr ornaments yn dwt ac yn lân a'r clustogau wedi cael eu hysgwyd. Bu Mam yn lwcus i gael fflat cownsil mor braf ar y llawr cyntaf oedd â golygfa o'r mynydd a'r môr. Yn yr ystafell wely fechan y cysgai Mam gan ei bod hi'n gynnes, a'r ystafell wely fwy oedd i mi pan fyddwn adref. Doedd hi ddim yn hawdd cysgu yn yr hen wely oherwydd y ffos ddofn yng nghanol y fatres, a byddwn yn suddo i'w gwaelodion, y gwely'n cau amdanaf fel planhigyn triffid.

'Ma' gynnoch chi le reit braf yma rŵan, yn does? Dach chi wedi setlo'n dda, yn do?'

'Dwi wedi arfer rŵan. Mae 'na bedair blynedd ers i mi symud, dwi'n siŵr. Roedd hi'n rhyfadd ar y dechra, cofia. Ches i ddim siawns i feddwl bron, mi ddaeth y lle ar gael mor sydyn. Mae o'n handi iawn ar gyfer gwneud negas a'r doctor. Dwi ddim yn gorfod prynu gormod o fwyd ar unwaith rŵan – ma' 'nghefn i'n brifo dyddia yma wrth fynd i fyny'r grisia tu allan os ydi'r troli'n rhy drwm. Ella 'sa'n well taswn i mewn fflat lawr grisia, ond mi oedd raid cymryd be oedd ar gael. Ma'r doctor yn deud bod y grisia'n ecsyrseis da i 'nghoesau i, ond wn i ddim wir.'

'Ond mae o'n well na'r byngalo, yn tydi? Fyddwch chi'n hiraethu am y byngalo a Tŷ Capel weithia?'

'Na, dwi ddim wedi meddwl. Roedd hi'n anodd yn y byngalo ar ôl chdi fynd yn ôl i Werddon, hyd yn oed efo help dy frodyr, wedyn ma' well gen i yn fama. Cofia, dwi fy hun yn fama hefyd y rhan fwya o'r wsnos, ond ma' petha'n well. Dwi'n gweld pobol yn y stryd ac ma'r hogia'n dal i ddŵad – weithia bydd rhai o'r plant yn dŵad efo nhw, ac wedyn mae'r lle 'ma'n llawn twrw a hwyl. Dwi wrth fy modd yn cael llond tŷ. Faint sy 'na ers i ti ddod adra ddwytha?'

'Tua mis neu fwy dwi'n meddwl.'

'O'n i'n ama'. Ma'r amser i weld yn hir. Tra dwi'n sortio fy hun allan ei di i'r siop i mi? Fyddi di'n gynt. Mae'r list ar y ffrij yn y cefn ac mae'r bag yn barod i ti. Dwi'm isio llawer o ddim byd. Wn i ddim be i ga'l.'

Byddai Mam yn dweud hynny'n aml iawn – byddai'n cellwair weithiau ei bod eisiau'r frawddeg ar ei charreg fedd. Ond er bod Kwiks bellach wedi troi yn Co-op, a mwy o ddewis ar gael yno, dal i fwyta'r un pethau roedd Mam. Roedd y rhestr siopa yn cynnwys yr un pethau ers degawdau. Er i mi geisio dod â rhywbeth newydd iddi ei flasu bob hyn a hyn byddai'n troi ei thrwyn arno bob tro a dweud bod blas drwg arno. 'Bwyd hen ffasiwn oedd orau' fyddai hi'n ddweud bob tro, 'blas da arno fo.'

Cerddais lawr am y Co-op yn reit sydyn efo'r bag siopa yn fy llaw. Gwenodd yr haul arnaf wrth mi gerdded i lawr am y stryd fawr a heibio giât y Plas, lle'r oedd Jên, cyfnither fy nhad, yn dal i fyw. Galwodd rhywun fy enw o'r tu ôl i mi.

'Hei, Glyn! Slofa lawr!' Edrychais yn ôl ac roedd Trefor Bach yn ceisio dal i fyny efo fi.

'Adra eto, Glyn? Braf cal dŵad adra, dwi'n siŵr.' Roedd Trefor ychydig yn hŷn na fi a doedd o ddim wedi symud oddi cartref erioed. Gwelwn ei fod o'n dechrau colli ei wallt ac yn ceisio cribo'r hyn oedd ganddo i guddio'r moelni. Un da am chwarae snwcer oedd Trefor – bu'n cystadlu dros ogledd Cymru ar un adeg, cyn iddo ddechrau yfed.

'Ti'n iawn, Trefor? Cadw'n weddol?'

'Duw, yndw 'sti. Byth yn cwyno, yn wahanol i ambell un. Sgin ti ddim sigarét ma' siŵr?'

'Na, sori. Dwi ddim yn smocio.'

'Duwcs. Dy dad yn smociwr o fri yn doedd?'

'Oedd. Ond do'n i rioed ffansi.'

'Rhyfadd. Dwi angen smoc rŵan, yn y bora fel hyn. Dy fam yn o lew? Wela i di eto, dwi angen can bach o gwrw hefyd.'

Cerddodd Trefor o 'mlaen i i'r siop bapur newydd. Roedd y stryd yn reit brysur gan ei bod yn fore Sadwrn, a phawb yn nôl bara a chig ar gyfer y penwythnos. Erbyn y prynhawn byddai'r strydoedd yn wag, y siopau wedi cau'n fuan a phawb wedi diflannu. Chymerodd hi ddim llawer i mi gwblhau rhestr siopa Mam gan ei bod wedi'i serio ar fy nghof, ac ro'n i'n gyfarwydd â lleoliad pob dim yr arferai hi ei brynu ar silffoedd y Co-op.

Sylwais fod siop arall wedi cau yr ochr arall i'r Post. Pan o'n i'n hogyn bach siop esgidiau oedd hon, ac i fanno ro'n i'n mynd efo Mam i brynu sgidiau ysgol. Dwi'n cofio bocsys gwyn i fyny at y to ar silffoedd pren tywyll, a dynes y siop, oedd wastad yn gwisgo lipstig coch, yn mynd i fyny'r ystol i nôl gwahanol esgidiau. Byddai'n rhaid mynd yr holl ffordd i Fangor am bâr o sgidiau erbyn hyn.

Croesais y ffordd heb feddwl a dechrau cerdded yn ôl i fyny Stryd Bethania efo'r bag siopa. Edrychais i ffenest Siop Dafydd, yr haearnwerthwr. Roedd y ffenest yn orlawn o forthwylion, sbaneri, llifau, sgriwdreifars ac ati, ochr yn ochr â sach fawr o fwyd ci a chwt bychan ar gyfer bochdew neu anifail tebyg. Tu allan i'r siop, dan y ffenest, roedd berfa yn llawn blodau. Wrth i mi oedi rhuthrodd rhywun allan o'r siop yn gwisgo siwmper las a chap llongwr. Roedd ci bychan blewog ar dennyn yn cyfarth wrth ei draed. Alwyn, cefnder i mi a mab Jên y Plas.

'Duw, Glyn. Ti adra eto?'

Roeddwn yn dechrau blino ar glywed yr un cwestiwn dragywydd.

'Ia, ydw. Nes i ddim dy nabod di yn yr het 'na. Ci del.'

'Ydi – ci bach newydd ydi hwn, yn gwmni. Un da am ddal llygod hefyd. Hei, pam na ddei di draw efo dy fam? Ma' Mam wrth ei bodd cael cwmni.'

'Ddown ni draw tro nesa fydda i adra, dwi'n gaddo. Cofia fi at dy fam a'r hogia.'

Er fy addewid, ro'n i'n amau na fedrwn alw yn y Plas am sbel go hir gan fod amser yn reit brin pan fyddwn adra efo Mam, a hithau ar dân am fynd am dro yn y car.

'Ti'n ôl yn barod!' galwodd Mam wrth i mi agor drws y fflat. 'Gest ti bob dim?'

'Do, heblaw'r tun samon. Welis i Alwyn, hogyn Jên. Roedd o isio i ni alw.'

'Awn ni tro nesa. Neu ella medra i fynd i lawr yno fy hun, efo'r ffon, ryw ddiwrnod.'

Gwagiais y bag siopa a chadw popeth yn y cwpwrdd mawr ac yn y ffrij. Roedd hi bron yn hanner dydd, a'r haul allan.

'Ma' hi bron yn amser cinio. Wnei di wy wedi'i botsio ar dost i mi? Chdi di'r gora am 'i neud o. Mae o'n sticio yn y sosban gen i bob tro.'

'Iawn. Awn ni allan am dro wedyn?'

'Asu, ia wir, neu mi fydda i wedi mynd yn wirion. Dwi ddim

wedi bod yn lan y môr ers y tro dwytha i ti fod adra, dwi'n siŵr. Awn ni allan i'r wlad am dipyn o wynt.'

Roedd 'gwynt' yn bwysig i Mam. Mynd i gael llond ysgyfaint o wynt y môr neu eistedd ar droed rhyw fryn i gael cegaid go lew o wynt y mynydd. Roedd gwynt y wlad yn gryfach ac iachach na gwynt mewn pentref neu dref, medda hi, a byddai awel y môr yn siŵr o helpu unrhyw un i gysgu'n well. Roedd hyd yn oed gwyntoedd oer y gaeaf yn iach ac yn dda i'r croen, yn ôl Mam.

Y Gog

Dwi'n trio peidio cwyno ond mae'n anodd, un fel'na fues i erioed. Poeni heb reswm a gwneud fy hun yn waeth. Ma' pobol yn laru 'nghlywed i, dwi'n siŵr. Ista yma fel delw bren rhan fwya o'r wsnos. Dwi erioed wedi licio bod ar ben fy hun. Mae'r fflat yn iawn, mae digon o le yma ac ma' hi'n gynnes braf yn y stafell ffrynt, ond be sy 'na i'w neud ar ôl llnau a nôl bwyd? Ydw, dwi'n cal sgwrs ar y stryd, ond fedra i ddim mynd i lawr yno bob dydd fel peth gwirion. Dwi'n trio mynd allan o leia dair gwaith yr wsnos, a dwi'n siŵr o nabod rhywun bob tro. Gwneud fy ngwallt unwaith y mis a'r farchnad bob dydd Gwener. 'Swn i'n lecio tasa mwy o bobl yn galw i'r fflat i 'ngweld i. Tydi pawb wedi mynd mor brysur dyddia yma? Ma' hi wedi mynd yn ryw oes ryfedd iawn. Sgin i ddim mynadd darllen llyfra ac ati, well gen i fiwsig neu siarad go gall ar y radio. Rybish sydd ar hwnnw yn y pnawn. Mae miwsig yr hen Slim Whitman yn neis ond mae o'n codi hiraeth arna i am yr hen ddyddia pan o'n i'n fengach. Dwi'n licio'r boi bach O'Donnell 'na o Werddon hefyd. Miwsig neis gan y Gwyddelod, lot mwy o fynd ynddyn nhw na'r petha sych Cymraeg 'na. Dim rhyfadd bod Glyn yn licio byw yn 'u canol nhw. Biti na faswn i wedi cael mynd i Ddulyn efo Twm y tro hwnnw – dwi'n siŵr y baswn i wedi licio yno. Roedd Glyn wedi trefnu bob dim, ond roedd Twm druan yn rhy wan i fynd yn y diwedd. Dda'n bod ni wedi mynd i Gaerdydd pan oedd Glyn yn y coleg. Gawson ni ddiwrnod bendigedig yn Sain Ffagan, a Twm yn sgwrsio efo pawb oedd o'n weld, bron. Adeg braf.

Ges i deisen neis gan Gwyneth ddoe. Ew, hogan glên ydi hi. Tydan ni'n ffrindia ers blynyddoedd? Peth siort ora oedd ei mam hefyd. Mi fydd Glyn yn siŵr o licio'r deisen – mi gadwa i ei hanner hi tan y Sadwrn iddo fo. Ma' hi'n gaddo tywydd braf. Hen bryd. Mae'r gaea wedi bod yn hir. Mor braf ydi gweld y gwanwyn.

* * *

'Mi fydd y gog siŵr o fod yn canu yn Aber heddiw. Sbia braf ydi hi.'

Ar ôl cinio ysgafn buan roedd Mam yn barod i fynd. Doedd hi ddim wedi clywed y gog ers blwyddyn bellach ac roedd hi'n benderfynol cael ei chlywed yn galw eleni. Es i lawr y grisiau concrit o'i blaen hi gan wneud yn siŵr ei bod yn gafael yn y canllaw a bod ei ffon yn saff ar bob stepen. Dod lawr wysg ei chefn fyddai Mam bob amser – roedd y grisiau i'r fflat wedi dechrau mynd yn anodd iddi ddygymod â nhw ac roedd sôn y gallai symud i un o'r fflatiau ar y llawr gwaelod petai un yn dod yn rhydd.

'Dach chi'n iawn rŵan?'

'Aros i mi gael fy ngwynt.'

'Dach chi'n siŵr y medrwch chi gerddad at y rhaeadr yn Aber?'

'Gerdda i i rwla os ca' i glywad y gog!'

Ymhen deng munud roedden ni'n eistedd yn y car ac yn ffarwelio â'r fflat am y pnawn. Cymerai awr go lew i gyrraedd y maes parcio yn Abergwyngregyn mewn traffig gweddol ysgafn, a chawsom lonydd gwag nes cyrraedd y bont. Agorodd Mam ei ffenest gan fod yr haul mor boeth, cyn ei chau hi drachefn gan gwyno bod oglau drwg egsôsts y ceir yn gwneud iddi dagu. Roedd y môr yn hynod o las ac Ynys Seiriol i'w gweld yn wyrdd a melyn hardd wrth drwyn hir Penmon.

'Sbia clir ydi Puffin Island,' meddai Mam.

'Ynys Seiriol ydi'r enw yn Gymraeg, chi!'

'Ia, wn i. Yr un lle ydi o, 'de, yn y diwadd. Biti na fasan ni'n medru mynd i weld Jac ym Mhenmaenmawr. Un da ydi Jac.'

Roedd brawd hŷn Mam, fy Yncl Jac, yn byw ym Mhenmaenmawr ers blynyddoedd maith. Agorodd westy ar lan y môr ar ôl y rhyfel, ac yno y bu'n gweithio efo'i wraig. Roedd Jac wedi teithio tipyn go lew – âi ar wyliau tramor pan nad oedd y rhan fwyaf o bobl yn mynd lawer pellach na Blackpool. Pan o'n i'n fychan byddai wrth ei fodd yn dangos sleidiau o'r llefydd tramor hynny i mi, ond y stori y byddai'n mwynhau ei dweud fwyaf oedd am yr adeg pan aeth i ynys Capri yn yr Eidal i weld cartref Gracie Fields. Roedd Gracie yn digwydd bod adref, a chafwyd croeso cynnes a choffi ganddi. Wrth i Jac adrodd y stori byddai Mam a Nhad i weld fel petaent wedi eu syfrdanu, a bydden nhw'n siŵr o ddweud rhywbeth fel, 'Pwy 'sa'n meddwl. Dim byd yn fawreddog ynddi, ma' raid.' Doedd gen i ddim syniad pwy oedd Gracie Fields ar y pryd, er i Mam ddweud wrtha i fod ganddi lais neis a'i bod yn 'ffilm star'. Dysgais yn reit sydyn fod yn rhaid i minnau hefyd ddangos fy ngwerthfawrogiad o'r stori hon ac atgofion eraill Yncl Jac.

Pan oedd yn ei wythdegau cafodd Jac drawiad ar ei galon wrth ddringo ochr Rhaeadr Aber, ond daliodd i ddringo i ben y mynydd gan feddwl mai dim ond byr ei wynt oedd o. Ar ôl iddo ddod lawr gyda chymorth ei ffrind bu'n rhaid mynd â fo i'r ysbyty lle bu'n gwella am wythnos go lew.

Arafais y car a throi i mewn i bentref Abergwyngregyn. Tydi o ddim llawer o bentref i fod yn onest. Caeodd y garej ar ôl i'r A55 fynd o'i amgylch – wnaeth y lôn ddim llawer o les i siopau Llanfairfechan a Phenmaenmawr chwaith, gan fod pobl bellach yn gyrru heibio iddynt, yn hytrach na galw.

Ar ôl gadael pentref Aber culhaodd y lôn, a gwyrai brigau gwyrdd y coed drosti. Agorodd Mam ei ffenest er mwyn clywed sŵn yr afon a gadael gwynt y mynydd i mewn. Roedd cysgod y coed yn bleser ar ôl gwres yr haul. Ymhen pum munud roeddwn wedi parcio'r car wrth yr hen bont ac yn helpu Mam allan ohono, gan wneud siŵr ei bod hi'n gafael yn ei ffon. Daliodd yr haul ni unwaith eto gan ein cynhesu wrth i ni gerdded yn araf o'r cysgodion.

'Pa mor bell awn ni?' gofynnais.

'Mor bell ag y medra i fynd efo'r goes glec 'ma! O, mi fydd y gog yn siŵr o ganu yma heddiw.'

Agorodd y dyffryn allan yn araf o'n blaenau a theimlais gerddediad Mam yn dechrau cyflymu. Roedd y syniad o glywed y gog yn ei gyrru ymlaen, waeth faint o boen oedd yn ei phen-glin. Er ei bod yn ddydd Sadwrn braf doedd dim llawer o bobl o gwmpas, dim ond ambell ymwelydd yn tynnu lluniau. Roedd coedydd Aber yn enwog am adar o bob math, a'r dyffryn yn llawn o gân. Ar ôl ugain munud o gerdded eitha da roedd Mam yn dechrau blino.

'Rhaid mi ista i lawr. Yli, mae 'na fainc yn fama. Ty'd, cyn i mi ddisgyn!'

Gafaelais yn ei braich rhag ofn iddi faglu ar y tir anwastad a hanner ei chario at y fainc fechan. Yr unig beth oedd i'w wneud wedyn oedd disgwyl am y gog.

'Wel, fedra i fynd dim pellach. Well i'r hen dderyn ganu i mi rŵan! Biti na faswn i wedi meddwl dod â cwshin. Mae'r fainc ma'n galed.'

'Gwrandwch! Rhaid i ni fod yn ddistaw.'

Dechreuodd Mam glustfeinio am gân yr aderyn gan symud ei phen o ochr i ochr yn araf. Canodd yr adar eraill yn ddi-dor, a chwythai awel ysgafn drwy'r coed i wneud i'r dail sisial fel tonnau bychan, ond doedd dim sôn am y gog. Ymhell uwch ein pennau codai un o'r Carneddau tuag at yr awyr las. Gwelwn y llwybr lle cafodd Yncl Jac ei drawiad flynyddoedd ynghynt.

Unwaith, es i am dro ar ben fy hun i fyny'r llwybr a throi i'r chwith, i ffwrdd oddi wrth y rhaeadr. Roedd yn ddiwrnod oer a heulog ar ddechrau'r gwanwyn, a phenderfynais ddringo gyda'r ffens weiran bigog i'r copa yn y pellter. Roedd y ffordd yn serth iawn ac yn eitha llithrig, gyda cherrig rhydd dan fy nhraed. Ar ôl awr a hanner o duchan ac edrych i lawr i weld ble i roi fy nhraed gwelais olygfa ryfedd. Yn hongian gerfydd ei ddwy droed ôl, yn sownd yn y weiren bigog, roedd llwynog mawr gwyn. Wrth i mi agosáu gwelwn fod yr anifail wedi sychu'n llwyr. Roedd ei gorff yn berffaith, dim nam o gwbl arno, a'i ddwy lygad yn agored. Rhedais fy llaw i lawr ei gefn – roedd ei gôt yn feddal ond ei gorff yn galed fel papur dyfrlliw. Eisteddais wrth ymyl y llwynog, wedi fy syfrdanu ganddo. Mae'n rhaid bod yr anifail druan wedi dod o'r goedwig a methu neidio'n ddigon uchel, gan fachu ei ddwy droed ôl yn y weiren. Trist oedd meddwl fod y llwynog wedi hongian i farwolaeth ar ei ben ei hun, a'r tywydd wedi ei sychu fel lledr.

'Clyw! Ma' hi'n canu! Paid â gneud twrw. Ochra' fan'cw dwi'n meddwl.'

'Ma' hi'n canu i chi, Mam. Dyna dda, 'te! Roedd hi'n werth dod yma.'

'Shysh... ma' hi'n mynd a dŵad. Y blydi gwynt 'ma'n niwsans.'

Wrth i'r deryn ganu teimlwn fod amser yn arafu yn y dyffryn serth, y gwcw, cwcw, cwcw fel cloc mewn breuddwyd, fel petai'r awyr o'n cwmpas yn distewi a phob sŵn arall yn gostegu i'r ymylon. Efallai mai'r ffaith fod y gog yn tueddu i hoffi canu mewn mannau anial oedd yn achosi i mi deimlo fel hyn, ond rhywsut, byddai tawelwch afreal wastad yn dod dros y wlad pan fyddwn yn gwrando ar y gog efo Mam. Efallai, wrth i ni wrando mor galed a chanolbwyntio yn fwy nag arfer, ein bod yn clywed gogoniant natur yn gyflawn.

'Shysh!'

Yn sydyn, safodd Mam ar ei thraed a rhoi ei llaw yn ei

phoced i chwilio am bres. Canodd y gog unwaith eto, yn bell yng nghanol y coedydd trwchus. Ysgydwodd Mam yr arian mân – roedd yn credu, fel y credai ei mam a'i nain o'i blaen, fod clywed y gog gydag arian yn eich poced yn lwcus iawn.

'Oes gen ti bres?'

'Na, dim byd.'

'Ynda. Tara'r darn deg ceiniog 'ma yn dy bocad yn reit sydyn i weld os gei di lwc. Peth lwcus iawn ydi clywed y gog – mi fydda i'n iawn rŵan am flwyddyn arall. Pan dwi wedi methu 'i chlywad hi amball flwyddyn mi fydda i'n meddwl bod rwbath drwg yn siŵr o ddigwydd. Does dim gwell na clywad yr hen dderyn i lenwi'r galon efo gobaith. O, biti na fasa pob diwrnod fel hwn. Biti bod yn rhaid i ni fynd adra.'

'Gawn ni aros ychydig hirach a cherdded yn bellach os leciwch chi, rhag ofn iddi ganu eto?'

'Na, fedra i ddim. Ma' hi bron yn hanner awr wedi tri yn barod. Gawn ni ddal i wrando wrth gerddad yn ôl i lawr yn ara deg.'

'Dowch 'ta. Gafaelwch yn 'y mraich i.'

Arweiniais Mam i lawr yr allt fechan ac ar hyd y llwybr tuag at y maes parcio.

'Oes 'na doiled yma'n rwla?'

'Na. Dim un. Fedrwch chi ddal nes y medrwn ni stopio ym Mangor?'

'Argol, na fedraf! Fedri di ffendio rwla i mi fynd? Blydi niwsans ydi peth fel hyn.'

Edrychais o gwmpas am le go guddiedig, ond roedd pobman allan o'i chyrraedd: gormod o ddrain, rhy fwdlyd, rhy agos i'r llwybr neu yn serth. Aethom yn ei blaenau tuag at y bont ble'r oedd y lôn fechan yn troi fyny drwy'r coed.

'Be am fama, Mam? A' i â chi dan y coed 'na wrth y giât.'

Cerddodd Mam mor gyflym ag y gallai i fyny'r clip o allt a tuag at y giât a'r lôn fach werdd.

'Neith fama i chi?'

'Rhaid iddo fo neud. Aros efo fi.'

'Na, mi a' i lawr i fan'cw rhag ofn i rywun ddŵad.'

Sefais yn yr haul ar y lôn dar-mac gan obeithio na welwn neb. Drwy lwc roedd y lle'n dawel, a gallwn weld mai dim ond ein car ni oedd yn y maes parcio dros yr afon. Aeth pum munud go lew heibio heb sôn am Mam, felly penderfynais fynd yn ôl ati. I fy syndod, gwelais hi'n gorwedd ar ei hochr wrth y giât. Rhedais ati.

'Dach chi'n iawn? Be ar y ddaear wnaethoch chi?'

'O! Lle 'ti 'di bod? Dwi 'di bod yn trio gweiddi'n ddistaw rhag ofn i rywun diarth fy nghlywad i! Colli 'malans nes i wrth i drio nôl hancas bapur o 'mhocad!'

'Be 'di'r pwynt gweiddi'n ddistaw? Ma' isio gweiddi'n uchel does, Mam bach!'

Dechreuodd Mam chwerthin wrth iddi ddal i orwedd ar ei hochr yn y gwair wrth y giât.

'Pam na fysach chi wedi gafael yn y giât?'

''Sdim isio bod yn flin, nag oes, a finna wedi rowlio ar fy ochr fel hen fochyn.'

'O, gafaelwch yn fy llaw i, i mi gael eich codi chi. A stopiwch chwerthin rŵan. Barod?'

Gafaelais yn ei llaw a'i braich a'i chodi ar ei thraed. Gan wneud yn siŵr bod ei ffon yn ei llaw ac nad oedd hi wedi brifo, hebryngais hi i lawr y clip bach o allt a thros y bont i'r car.

'Diolch byth am hynna! Sôn am lol,' meddai Mam ar ôl iddi lwyddo i gyrraedd y car yn ddiogel. Dechreuodd chwerthin fel hogan ifanc.

'Be sy mor ddigri?'

'Meddwl o'n i – be tasa rhywun wedi 'ngweld i ar fy ochr wrth y giât? Be 'swn i wedi'i ddeud wrthyn nhw?'

Bob hyn a hyn yn ystod y daith adref câi Mam byliau o chwerthin wrth ail-fyw ei sefyllfa letchwith. Roeddwn mor falch nad oedd wedi brifo – byddai pawb wedi gweld bai arna i am fynd â hi i le mor anodd ac anghysbell.

'Dach chi'n teimlo'n iawn?'

'Yndw, Duw. Dwi wedi clywad y gog a chael hwyl reit dda. Gwneud daioni i bawb gael llond bol o chwerthin bob hyn a hyn.'

Caernarfon

Cofi Dre o'n i erioed, wedi fy ngeni yn Stryd Fawr, tu mewn i waliau'r dre a gyferbyn â'r Fenai. Ges i fy ngeni mewn stafell wely, yr uchaf mewn tŷ tal pedwar llawr, a'r ffenest yn edrych dros y stryd. Doedd ein teulu ni ddim yn dlawd, o'n cymharu â rhai yn y dre. Roedd gan fy nhad job dda yn y stesion ac ro'n i'n cal popeth liciwn i gan Mam. Ma' gen i lun yn rwla ohona i'n fychan yn chwara efo tedi mawr wrth stepan y drws, a Nhad a Mam tu ôl i mi. Ga' i hyd iddo yn y munud... yn y tun gwyrdd 'na mae o, dwi'n siŵr. Pan o'n i'n hogan ifanc adag y rhyfal roedd sowldiwrs 'Merican yn y dre bob nos Sadwrn ac mi fyddwn yn ca'l sana neilon neis a siocled gan rai ohonyn nhw. Hogia smart oeddan nhw, yn eu iwnifforms. Martshio i'r dre dros Bont 'Rabar ac yn canu biwgl wrth ddŵad. Hwyl oedd 'na dyddia hynny... ma' petha'n ffwl stop arna i rŵan.

Mi welais *Gone with the Wind* bedair ar ddeg o weithia yn y Majestic. Gwerthu eis crîm yn y pictiwrs oedd fy job ar un adeg, a chael gweld y ffilmiau i gyd am ddim yn y fargen. Roedd gen i ddigon o ddillad neis a bob dim bryd hynny. Ro'n i'n wirion yn gadael Caernarfon a finna mor ifanc. Chafodd Glenys 'mo'r tŷ ar ôl i'n rhieni ni farw, a hithau wedi meddwl yn siŵr 'i gael o. Gwerthu'r tŷ wnaeth Nhad yn y diwedd. Dwn i ddim pam roedd hi mor gas drwy'r adeg, a finna'n chwaer iddi. Merch ifanc yn licio hwyl o'n i. Tydi o ddim yn talu i fod yn flin a chas... mae'n cael effaith ar bob dim.

* * *

Roedd y car, fel arfer, yn union ble gadawais i o bum wythnos ynghynt: ar glip o allt fechan wrth ochr y fflatiau gyda bricsen dan yr olwyn flaen rhag ofn iddo benderfynu rowlio lawr i ardd Jaci drws nesaf. O gael ei adael ym mhob tywydd byddai'r handbrec yn rhydu'n galed ar yr olwyn ac fe gymerai dipyn o amser i ryddhau'r ddau oddi wrth ei gilydd. Erbyn hyn roeddwn wedi dod i ddeall be i'w wneud – rhoi slap go dda tu ôl i'r olwynion efo morthwyl nes y byddai'r rhwd yn neidio i bob man. Roedd y postman wedi gadael llythyrau Mam ar waelod y grisiau er iddi ofyn iddo ddod â nhw i fyny, i'w harbed hi rhag straffaglu i lawr i'w nôl. Codais y ddau lythyr a cherdded i mewn drwy'r drws cefn agored. Yn y gegin fechan roedd popeth fel y bu erioed gyda haul y bore yn llifo drwy'r ffenestri gwydr dwbl.

'Fama ydw i. Chdi sy 'na, ia?'

'Ia, dwi adra.'

Cadwais fy nghôt yn y coridor a mynd i'r ystafell ffrynt ble'r oedd Mam yn cael panad a 'sgedan. Roedd yr ystafell yn daclus a glân a'r tân nwy ymlaen ar ei hanner. Edrychai Mam yn eithaf blinedig a llwyd ac roedd darn o dost ar ei hanner ar ei phlât. Gallwn weld nad oedd hwyliau da iawn arni.

'Ti'n hwyr.'

'Na, ar amser fel arfer. Dach chi bob tro'n meddwl 'mod i'n hwyr.'

'Unig dwi, 'sti, a methu gweld yr amser yn mynd yn ddigon sydyn. Dwi 'di laru yma.'

'Ro'n i'n eich gweld chi'n llwyd, braidd.'

'Llwyd fasat titha yn fama hefyd. Ma' hi'n *boring*.'

'Oes rhywun wedi bod yn eich gweld chi'r wsnos yma?'

'Do. Fuodd y ddynas o'r mynydd am y pnawn un diwrnod, ac mi wnes i de a chydig o grempoga i ni. Ma' hi wrth ei bodd efo fy nghrempog i. Peth glên ydi hi, a'r teulu i gyd. Ma' hi'n agos i naw deg oed erbyn hyn ac yn edrych yn dda. Mi fu Dewi yma hefyd ar ei ffordd i ryw job. Y cradur yn poeni am Glenda, mae'n ddigon hawdd gweld.'

'Wel, be 'sach chi'n licio'i neud heddiw tra dwi adra?'

'O, mynd i'r hen dre. Pan ti'n mynd i oed, ti isio mynd yn ôl i weld yr hen lefydd, 'sti.'

Ar ôl cael paned a sgon aeth Mam i wneud ei hun yn barod. Roeddwn yn gweld bod ei thymer wedi codi a bod mwy o liw wedi dod i'w hwyneb – roedd y syniad o ddiwrnod yng Nghaernarfon wedi codi ei chalon gymaint nes yr anghofiodd gwyno am ei phen-glin, hyd yn oed. Ar ôl estyn ei ffon, ei chap gwlân a'i bag siopa aeth Mam i gloi'r drysau a gwneud siŵr fod popeth trydanol wedi'i ddiffodd, cyn i ni araf ddringo i lawr y grisiau concrit wysg ein cefnau ac i'r car.

'Ew, ma' hi'n braf mynd allan o'r hen le 'ma. Tydi bob dim wedi cau i lawr yma, a'r dre ddim byd tebyg i be oedd hi ers talwm.'

'Mae Caernarfon wedi newid hefyd, 'chi, ers 1943.'

'Wn i. Ond mae hi'n dal yn llawn o bobol ffeind. Pan fyddi di yn f'oed i mi gei ditha dy ddenu'n ôl i'r llefydd roeddat ti hapusa. Ti'n rhy ifanc i ddallt rŵan.'

'Ydach chi isio mynd i weld Megan a Moi heddiw?'

'Dwi'm 'di gweld Megan ers tipyn, heblaw siarad efo hi ar y ffôn. Gawn ni weld sut eith hi, ia? Isio gweld yr hen dre ydw i, a hitha mor braf, nid ista yn y tŷ yn siarad. Dwi ddigon yn y tŷ fel ma' hi.'

Roedd y lôn fawr yn ddistaw ac ymhen yr awr roeddwn yn dreifio ar gyrion Gaernarfon ar hyd ochr y Fenai. Roedd y llanw yn bell allan, gyda thywod mawr Traeth Gwyllt i'w weld yng nghanol yr afon. Gwelwn dwyni Niwbwrch a Llanddwyn yn glir, yr haul yn gwneud y traeth yn felynach nag arfer, rywsut.

Mae gen i atgofion byw iawn o ddod i Gaernarfon pan oeddwn yn hogyn bach. Yr adeg hynny roedd gan fy nhad hen Forris Meinor a byddai Mam yn cael mynd draw i weld ei chwaer, Megan, a Moi, ei gŵr, unwaith bob tri mis. Byddwn yn gorwedd ar y sêt gefn a chau fy llygaid er mwyn ceisio dyfalu ble roeddwn ar y lôn, i weld pa mor dda oeddwn i am adnabod y ffordd. Dwi'n cofio ambell waith i mi agor fy llygaid wrth ddod i mewn i Gaernarfon a gweld y lampau stryd oren yn pasio'n rhythmig uwchben y car – bob tro y gwelwn y lampau roeddwn yn gwybod ein bod bron yno.

Cefais le cyfleus i barcio yng nghysgod waliau'r dref wrth ymyl Caffi Cei. Gwelwn fod Mam yn ei helfen a'r atgofion yn dechrau pentyrru.

'Lle awn ni?' gofynnais.

'Lawr i'r High Street, i mi gael gweld ffenest y stafell uchel honno lle ces i fy ngeni.'

'Fedrwch chi gerdded yr holl ffordd yno?'

'Ty'd. Tydi o ddim yn bell. Helpa fi i fyny'r steps 'ma ac mi fydda i'n iawn efo fy ffon.'

Wrth gerdded yn araf i lawr y stryd gallwn dcimlo'r atgofion yn gwibio drwy feddwl Mam.

'Tydi llefydd yn newid... anodd credu. Sbia golwg hen wedi mynd ar walia'r dre.'

'Ond Mam, roedd yr walia'n hen pan oeddech chi'n hogan ifanc yma!'

'Dwi'n gwbod hynny siŵr! Sbia – hon oedd Siop Ifan Gannwyll. Un da oedd o. Ac yn fanna, ar y llawr uchaf, mi fyddwn yn cael *dinner dances*. Ges i fy ngwneud yn May Queen yn fanna unwaith. Adag braf. O, be faswn i'n wneud i'w gael o i gyd yn ôl rŵan!'

'Dach chi am fynd yn bellach?'

'Ty'd! Sbia fanna! Tu ôl i'r ffenast uchel 'na ges i fy ngeni yn 1924, myn diân i! Lle aeth yr amser i gyd, wn i ddim!'

Syllodd y ddau ohonom i fyny am sbel at y ffenest fechan yn nhop y tŷ cul, tal. Gafaelais ym mraich Mam – gwelwn fod ei meddwl yn bell i ffwrdd, wedi teithio blynyddoedd i'r gorffennol braf.

'Dwi'n clywad llais fy mam rŵan yn siarad ar stepan y drws, a 'mrodyr a chwiorydd yn chwarae yn y stryd. Twrw pobol mewn clocsiau yn clecian i lawr y lôn a sŵn lorïau Pritchard's Removals yn parcio yn yr iard yn is i lawr. Amser braf oedd o, yn teimlo fel ddoe, a phopeth mor glir yn fy meddwl i. Weli di'r tŷ yna? Mrs Buck oedd yn byw yn fanna, ac roedd ganddi Jac-do ar ei hysgwydd bob amser.'

'Jac-do?'

'Ia, mi oedd o'n dderyn clyfar ac yn gwmni da iddi. Dwi'n 'i gofio fo'n iawn.'

Aethom i lawr drwy'r porth mawr yn y wal hynafol ac allan at ochr y Fenai. Roedd llong hwylio yn symud yn llyfn tuag at Abermenai. Pwysodd Mam ar y wal am eiliad. Nofiodd saith o elyrch o'n blaenau, ambell un yn plygu ei phen o dan y tonnau bychain. Cymerodd Mam lond ceg o awyr iach a sythodd efo help ei ffon.

'Ti'n gweld y polyn coch ar ddiwedd y steps sy'n mynd i'r dŵr? Yr un sy'n deud 'Perygl, dim nofio' arno fo? Bu bron i mi foddi yn fanna pan oeddwn i'n fychan – disgyn o'r stepan i'r môr a fedrwn i ddim nofio. Teimlais fy hun yn mynd i lawr ac yn sydyn gafaelodd rwbath rownd fy ngwddw. Digwydd bod, roedd 'na ddyn efo ymbarél fawr wrth ymyl, ac mi fedrodd roi'r bachyn oedd ar y goes yr ymbarél am fy ngwddw a 'nhynnu i allan o'r dŵr. Hyd heddiw sgen i ddim syniad pwy oedd o. Fasat ti ddim yma heddiw heblaw'r dyn diarth hwnnw!'

'Angel oedd o, ma' raid.'

'Angel? Na, Sais, dwi'n meddwl.'

Yn araf, aethom i lawr gydag ochr y dŵr tua'r castell. Erbyn hyn roedd gwres braf yn codi o'r ffordd dar-mac. Heibio'r Floating Restaurant gwelwn y bont i Goed Helen a'r Cei Llechi.

Aeth Mam yn syth at y fainc o dan waliau'r castell, a gwyddwn ei bod hi'n dechrau blino er na wnâi gyfaddef hynny. Yn yr haul cynnes ymunais â hi yn ôl yn y pedwardegau, a gallwn innau hefyd weld drwy ddrych amser – brodyr Mam yn neidio i afon Seiont o ben y bont ar nosweithiau poeth yn eu trowsusau bach, a Mam yn chwerthin yng nghwmni'r hogia lleol a'r Americanwyr. Gallwn glywed y *motor boat* yn gwibio dros yr Aber a Mam a'i chwiorydd yn clebran a ffysian wrth gychwyn am ddiwrnod braf o nofio a phicnic ar draethau Abermenai. Clywn sŵn y rhyfel, yr *air raid siren* yn atseinio ar waliau uchel y castell fel gwenynen wyllt, a'r ymladd yn yr awyr rhwng Spitfire a Messerschmitt uwchben Parc Coed Helen, y bwledi'n rhuo a chlecian drwy'r awyr las. Wedyn, twrw trwm y Messerschmitt yn ffrwydro wrth ddisgyn i'r ddaear.

'Y South of France roeddan ni'n galw fama ers talwm.'

'Dwi'n eich cofio chi'n sôn am y ddwy eroplên yn cwffio yma adag y Rhyfal.'

'O, ia. Gweithio yn y siop sgidia ar y Maes oeddwn i, ac yn eu gweld nhw'n glir. Cradur bach yn ca'l ei ladd. Roedd gan y Jyrman fam yn rwla, doedd? Ofnadwy o beth ydi rhyfel. Fyddwn i'n gweithio yn y castell 'ma, 'sti, adag y Rhyfal. Ges i job yn symud awyrennau bach efo polyn mawr ar fap o Ewrop. Roedd gen i iwnifform neis a bob dim.'

'Fel yn y ffilmiau, ia?'

'Ia, symud enemi plêns, a'n rhai ni hefyd, er mwyn dangos lle roeddan nhw. Roedd tua phump ohonan ni ferchaid wrthi yn y tŵr mawr 'na yn fanna. Wnes i ddim para'n hir. Ges i gic-owt am 'mod i'n mynnu rhoi'r awyrennau yn y llefydd anghywir. Ro'n i wedi drysu petha'n llwyr ac mi fasa'r Jyrmans wedi curo taswn i wedi cario mlaen!'

'Be wedyn, 'ta?'

'O, es i wedyn i'r 'miwnisions ffactri i wneud darnau o *wings* efo ryw fashîn anferth. Fedrwn i ddim handlo'r peth yn dda iawn wrth ddrilio tylla. Duw, bychan oeddwn i. Dwi'n dal yn fach! Sut oeddan nhw'n disgwyl i rywun oedd wedi bod yn gwerthu sgidia neis wneud *wings* neu beth bynnag oeddan nhw? Es i o'na ar ôl i'r hogan wrth fy ymyl ddal ei gwallt hir yn sownd mewn olwyn. Mi rwygwyd y gwallt oddi ar 'i phen hi! O, mi oedd golwg arni. Mi fedris i stopio'r injan cyn iddi gael mwy o boen ond es i o'na wedyn. Lle peryg oedd o. Rwbath yn digwydd bob munud yno, a rhyw hen Sais o fforman yn gweiddi arnon ni dragywydd.'

Gafaelais ym mraich Mam a'i hebrwng i fyny'r allt fechan tuag at y Maes. Ers i Mam adael Caernarfon roedd y Maes wedi newid ei wedd yn llwyr. Roedd ffowntan ddŵr fawr yng nghanol y sgwâr bryd hynny, medda hi, a bysys a cheir yn mynd a dŵad a digonedd o fynd a dod.

'Gyda'r nos, roedd y maes yn llawn o bobol yn eu dillad gorau yn cerdded o gwmpas, yn enwedig yn yr haf. Pawb adeg hynny yn gwisgo'n dda ac yn gwneud eu gorau. Mae pobol heddiw 'ma'n cerddad allan yn edrach fel tasan nhw newydd godi o'u gwlâu! Sbia golwg ar rai o'r rhain!'

'Peidiwch â phwyntio! Beryg i chi gael slap.'

'Ty'd, dwi'n blino, ac mae'r lle 'ma 'di newid. Awn ni'n ôl i'r car ac am banad at Megan os ydi hi adra.'

Yn ara deg aethom i lawr Stryd Twll yn y Wal. Ar ôl yr holl gerdded roedd pen-glin Mam yn boenus a stopiodd i ddangos y chŵydd i mi, er na fedrwn wneud dim ond cydymdeimlo. Wrth ddod at ddiwedd y stryd fechan gul sythodd Mam ei chefn ac edrych i fyny at dop yr hen waliau cerrig ble'r oedd criw o wylanod yn cadw twrw ar eu nythod.

'Pwy 'sa'n meddwl y baswn i'n ôl yn yr hen dre a finna'n hen ddynas yn mynd am ei hwyth deg. Da i ddim, wir. Petha 'di newid, Glyn bach. Cofia di gael hwyl tra ti'n ifanc. Nei di byth ddifaru.'

* * *

Roedd lle parcio cyfleus o flaen tŷ Moi a Megan ar Stryd William, Twtil, gan fod Moi wedi gwerthu ei gar ers blynyddoedd ar ôl cael pengliniau newydd a rhoi'r gorau i yrru.

'Cnocia'n galad neu wnân nhw ddim clywad!'

Ymhen hir a hwyr daeth cysgod Moi at y drws.

'Duw, sbia pwy sy 'ma, Megan. Pobl ddiarth... Mari a Glyn bach o dros y dŵr. Dowch i mewn reit sydyn cyn i mi ailfeddwl!'

Tŷ teras bychan go dywyll oedd o, ac yno dwi'n cofio Moi a Megan yn byw erioed. Eisteddodd Mam a finnau ar y soffa isel o flaen y tân nwy yn y parlwr, Moi yn ei gadair arferol ger ei lyfrau a'i sbectol, a Megan o dan y ffenest oedd yn wynebu allan i'r cefn. Plastrwr oedd Moi cyn ymddeol, un o'r rhai gorau erioed yn ôl Nhad, yn dilyn y gwaith i fyny ac i lawr y wlad er mwyn gwneud bywoliaeth. Er ei fod weithiau'n siarad am ei waith, straeon am ei gyfnod yn y fyddin adeg y rhyfel roedd o'n hoffi'u hadrodd, yn enwedig ei hanes yn India a Ceylon. Pan oeddwn yn ymweld â nhw yn blentyn, byddai'r sgwrsio'n rhannu'n ddwy garfan – y dynion a'r merched – a byddwn yn ceisio clustfeinio ar y ddwy ochr. Doedd sgyrsiau Mam a Megan am handbags, sgidiau, dillad ac afiechydon ddim hanner mor ddiddorol â rhai Nhad a Moi am y rhyfel yn India a helyntion y milwyr.

'Pwy sy isio panad?' gofynnodd Moi. 'Pawb? Ty'd, Glyn. Helpa fi i wneud te tra ma'r ddwy yma'n janglo!'

Dechreuodd Moi adrodd un o'i hanesion yn syth, am ei gyfnod yn Ceylon yn cadw Sentri Diwti ar ben bryn go uchel uwch ben y camp.

'Roedd hi'n noson dywyll iawn heb leuad na sêr yn yr awyr. Safai'r bryn uwchben y coed efo golygfeydd yn y dydd i bob cyfeiriad, ond yn y nos lle unig ar y diawl oedd y copa moel. Doedd fiw i mi syrthio i gysgu ar diwti rhag ofn i'r gelyn drio 'mosod arnon ni liw nos. Diawlad oedd y Japanîs, ac yn gwbod 'u ffordd drwy'r jyngl yn well na neb. Do'n i ddim rhy bell oddi wrth weddill yr hogia oedd yn cysgu yn eu tentia, llai na chwarter milltir, ma' siŵr. Wel, mi glywn i bawb yn chwyrnu cysgu o bell, ond heblaw hynny roedd y coed yn hollol dawel. Uffar o job peidio â syrthio i gysgu! Ar ôl tipyn, clywais dwrw fel trên yn y pellter, a methu deall be uffar oedd o! Eniwe, pan edrychais i gyfeiriad y twrw gwelwn fod rwbath yn dŵad ar garlam drwy'r awyr. Y blydi gelyn oedd peth cyntaf ddaeth i 'meddwl i!'

'Be oedd o? Awyren o ryw fath, ia?' gofynnais.

'Naci, myn uffar i! Mi ddaeth y twrw yn uwch ac uwch. Roedd gen i wn ond roedd well i mi beidio â'i danio fo rhag datgelu lle oeddan ni. Meddyliais am redeg lawr at yr hogia a'u deffro nhw, ond fedrwn i ddim symud. Ro'n i wedi fy syfrdanu pan welis i be oedd o. Pasiodd y peth 'ma reit dros y coed o 'mlaen i, ac roedd ffenestri bach crwn ar ei hyd o efo gola melyn tu mewn a rhai gwahanol liwiau tu allan. Rwbath hir fel siâp sigâr, yn mynd fel uffar! Doedd o ddim byd tebyg i awyren. Eisteddais yn fy mhost a gwylio'r peth yn mynd yn bellach i ffwrdd dros y jyngl a'r twrw fel trên yn mynd yn bellach a phellach. Ar ôl iddo fo ddiflannu roedd hi'n rhyfedd o dawel a chlywais yr hogia'n dal i chwyrnu. Do'n i ddim yn gwbod be uffar i feddwl.

'Do'n ddim yn siŵr be i neud, ei riportio fo 'ta be, felly codais a rhedeg fel y cythraul i lawr at y camp a deffro'r sarjiant. Pan driais i egluro be ro'n i wedi'i weld, chwerthin na'th hwnnw.

' "Sounds to me like you've seen a space ship, Jones," meddai. "I wouldn't spread it around, you'll be a laughing stock. I'd keep it to yourself if I was you." Ddeudis i'r stori wrth rai o'r hogia y diwrnod wedyn ond doedd dim llawer ohonyn nhw'n fy nghoelio i – rhai yn deud 'mod i wedi cysgu a breuddwydio'r holl beth. Wnes i ddim cysgu, myn diân i; do'n i byth yn cysgu ar Sentri Diwti. Roedd gen i ormod o ofn!'

'Be dach chi'n feddwl oedd o?'

'Mi'i gwelis i o'n glir ac agos, a'i glywed o hefyd. UFO maen nhw'n 'u galw nhw heddiw. Dyna welis i. Doedd 'na'm pwynt siarad am y peth efo neb neu roeddan nhw'n deud bod chwinc arna i. Dim ond *ordinary soldier* o'n i, a fasa neb yn coelio be welis i, siŵr Dduw.'

'Welsoch chi un wedyn o gwbl?'

'Na, dim wedyn. Fydda i'n meddwl am y noson honno'n reit aml, 'sti. Wn i ddim ddaeth y peth o'r gofod 'ta be, ond mi welis i o, yn bendant. Ty'd, byta'r teisenni ceirch 'ma, a chymra fwy o de.'

Er bod Megan yn mynnu fod hen straeon Moi yn ddigon i fy myddaru, ro'n i'n eu cael nhw'n ddifyr dros ben. Ambell waith byddai'n eu hailadrodd ond doedd dim gwahaniaeth gen i gan ei fod yn amrywio'r ffordd roedd o'n eu dweud nhw bob tro.

'Dwi'n cofio unwaith gorfod cadw'n ddistaw am ddyddia mewn ffosydd efo'r gynnau'n barod. A hitha'n boeth a blydi pryfaid a sbeidars ym mhob man. Chwysu peintia'n disgwyl cael ordors be i wneud. Roedd hi'n iawn ar y crachach uffar, doedd! Roeddan nhw'n hapus ac yn llon yn eu tent, yn ddigon pell o ble roeddan ni. Saeson oedd yr offisyrs i gyd, doedd dim llawer o Gymry'n cael 'u gwneud yn offisyrs. "The Welsh aren't officer material" medda nhw. *High Nobs* oedd y rhan fwya ohonyn nhw. Rhai yn well na'i gilydd, wrth gwrs.'

Tra oeddwn i'n gwrando ar Moi roedd Megan a Mam yn siarad am bobol nad oeddwn i'n eu nabod. Hwn a hwn wedi marw neu wedi cael strôc. Weithiau byddai Megan yn torri ar draws straeon Moi i ofyn a oedd o'n gwybod mwy am hwn a'r llall neu pwy oedd yn perthyn i'r naill a'r llall. Lle bach clòs iawn oedd Twtil a phawb yn gwybod busnes ei gilydd. Rhesi tai ysgwydd wrth ysgwydd ar strydoedd serth a chul – doedd gan y trigolion ddim dewis ond sbecian ar ei gilydd. Roedd Moi a Megan yn byw yn yr un tŷ ers diwedd y rhyfel, ac wedi magu dwy ferch ac un mab yn eu cartref bychan. Felly hefyd lawer o'u cymdogion; dim ond ambell un fyddai'n symud oddi yno i fyw.

Dechreuodd y ddwy sôn am Glenys, eu chwaer, ac ymunodd Moi a finnau i wrando ar ambell stori ddoniol am y trafferthion a gâi gyda'i thymer dymhestlog. Un flin oedd Glenys, yn dweud ei dweud heb flewyn ar ei thafod. Unwaith, dwi'n cofio iddi ddatgan o flaen Nhad mai 'petha sych a *boring* a dauwynebog ydi pobol capel i gyd'. Edrychodd fy nhad yn syn arni ac ysgwyd ei ben o ochr i ochr, ond ni ddywedodd air – efallai am ei fod o'n gwybod bod Glenys yn cael problemau efo'i nerfau, ac yn llyncu Valiums fel petha da.

'Ti'n cofio, Mari, pan oedd Glenys yn gweithio tu ôl i'r cownter yn y becws yn Pool Street?'

Dechreuodd Mam chwerthin wrth feddwl am y stori oedd i ddod.

'Be ddigwyddodd yli, Glyn, roedd hi 'di bod yn ddiwrnod prysur iawn yn y dre, felly oedd hi ar ddydd Sadwrn adeg hynny, dim fel heddiw. Eniwe, roedd Glenys wedi blino a braidd yn flin, fel roedd hi, ia, ac ella'i bod hi wedi gor-wneud 'i thabledi. Dyma hi'n deud wrth yr hogan arall tu ôl i'r cownter tasa un person arall yn dŵad i mewn a gofyn am gacan gwstard y bysa fo'n ei chael hi yng nghanol ei wyneb. Wel, wir i chdi, mewn chydig daeth y ddynas 'ma i mewn, dynas eiddil yr olwg. Dach chi'n gwbod pwy oedd hi, yn dydach, Moi?'

'Yndw siŵr, gwraig un o flaenoriaid Capel Mawr.'

'Wel, Glyn bach, dyna'r ddynas druan 'ma i mewn i'r becws ac edrych ar hyd y cownter i weld be oedd hi'n ffansïo, a wir i chdi dyna hi'n gofyn am gacan gwstard. Gafaelodd Glenys yn y gacen a rhoi slap iddi yng nghanol ei hwyneb efo hi! Dychrynodd y ddynas fach gymaint mi redodd allan i'r stryd yn gwstard drosti ac yn beichio crio. Wel, ti'n cofio Mari, roedd 'na draffarth wedyn. Glenys yn gwrthod deud 'i bod hi'n sori, a gŵr y ddynas, pobol barchus capel, ia, yn flin fel cacwn. Nath hi ddim dweud sori, naddo Moi?'

'Naddo siŵr. Os oedd Glenys am wneud rwbath roedd hi'n benderfynol. Bai'r ddynas am ofyn am y gacan gwstard oedd o, medda hi. A peth rhyfedd, na'th Glenys ddim colli ei job chwaith, jest cymryd ryw bythefnos off. Glenys druan, mi gafodd ddiwedd digon anodd ar ôl y strôc, gryduras.'

'Deud i mi, Mari,' gofynnodd Megan, 'Faint sy 'na ers i Twm fynd rŵan?'

'Ma' hi'n mynd am ddeng mlynadd.'

'O, Mari bach, amser yn mynd! Yr hen Twm druan. Un da am sgwrs oedd o, ac yn ddoniol.'

Edrychodd Mam ar y cloc i awgrymu y bysa'n well i ni anelu am adref cyn iddi dywyllu. Doedd Mam ddim yn hoff o fod yn y car yn y nos – byddai'n cwyno fod goleuadau'r ceir eraill yn straen ar ei llygaid, er nad hi oedd yn gyrru'r car. Roedd y drefn o adael tŷ Megan a Moi yn un faith: byddai Mam yn cynnig golchi'r llestri a Moi yn dweud wrthi nad oedd angen, wedyn byddai'n rhaid iddi fynd i'r toiled ac ati cyn hir ffarwelio. Ymhen rhyw ugain munud hebryngais Mam drwy'r drws ffrynt ac i'r car yn saff.

'Petha clên a ffeind ydi'r ddau, a digon o hwyl i'w gael efo nhw bob tro,' meddai Mam wrth chwifio'i llaw a gweiddi ei ffarwél drwy ffenest y car. 'Peth gwaetha wnes i oedd gadael Caernarfon.' Roedd tristwch yn ei llais. 'Dwi 'di deud, do – ma' pobol y dre yn gleniach na neb.'

Jên

Roedd caredigrwydd a chyfeillgarwch y Gwyddelod yn llenwi fy nghalon â gobaith. Roedd gen i ffrindiau da, ac yn eu mysg roedd cerddorion ac ysgrifenwyr egnïol a hwyliog. Ers blynyddoedd roeddwn yn aelod selog o'r Dublin Writers Workshop, oedd yn cyfarfod bob nos Lun mewn stafell lychlyd uwchben tafarn Bowe's yn Fleet Street yng nghanol y dref. Byddai criw go dda yn ymgynnull i drafod a darllen eu cerddi a'u straeon, a byddwn yn cymryd fy nhro i gadeirio'r noson bob tair wythnos. Er prysurdeb fy ngwaith bob dydd byddwn yn siŵr o wneud yr ymdrech i fynychu'r cyfarfodydd. Un nos Lun boeth yng nghanol Mehefin 1998 tra oeddwn yn cadeirio'r cyfarfod cerddodd merch ddieithr i mewn ac eistedd gyferbyn â mi. Pan ddaeth ei thro i ddarllen ei gwaith, rhannodd gerdd am farwolaeth ei thad mewn llais cryf, dwys, isel. Roeddwn ar goll yn ei llais a'i geiriau. Roedd y gerdd a'r ferch yn berffaith. Wrth i'r noson balu 'mlaen cefais hi'n anodd iawn canolbwyntio ar waith y cyfranwyr eraill.

Ar ddiwedd y cyfarfod daeth y ferch, Róisín, i eistedd ataf i gael sgwrs, a chefais gip ar ei natur benderfynol. O'r munud y gwelais i hi, y clywais i hi, gwyddwn fod fy myd am newid yn llwyr.

Dywedodd Róisín byddai'n dychwelyd yr wythnos ganlynol, gan ofyn a fyddwn innau yno hefyd. Reidiais fy meic adref y noson honno yn benysgafn, fy nghalon yn curo fel drwm.

Dros yr haf poeth hwnnw datblygodd ein perthynas i fod yn un glòs. Roedd Róisín yn byw efo'i mam a'i chwaer yn Monkstown ger Dún Laoghaire ac yn gweithio gyda'r nos mewn tŷ bwyta Siapaneaidd er mwyn talu am ei chwrs MA Saesneg. Dechreuodd ddod yn selog i'r cyfarfodydd ysgrifennu a fedrwn i ddim credu pa mor lwcus oeddwn i. Y cam nesaf oedd dweud wrth Mam y tro nesaf yr aethwn adref – byddai'n rhaid i mi ddewis yr amser iawn.

Golygfa gyfarwydd i mi erbyn hyn oedd gweld adeiladau Dulyn yn pellhau wrth i'r llong hwylio am Gymru. Roedd ychydig o wynt ym Mae Dulyn wrth i ni fynd heibio'r Kish Light, oedd fel delw wen gydag ambell don yn llarpio i fyny at ei ddrws bychan. Eisteddwn yn reit aml ar y dec uchaf tu ôl i'r corn anferth – roedd cysgod i'w gael yno oddi wrth y gwynt oer. Pan oeddem hanner ffordd dros y môr byddai'n bosib gweld Iwerddon a Chymru: bryniau Wicklow a Mynydd Caergybi, a mynyddoedd Llŷn tua'r de. Roedd gweld y ddwy wlad ar yr un pryd yn fy llenwi ag emosiwn – teimlwn fy mod i'n perthyn yn gryf i'r ddau ddarn o dir erbyn hyn, a phan oeddwn ar un lan byddwn yn hiraethu am fod ar y lan arall.

Roedd hi'n reit anodd wynebu llonyddwch cefn gwlad ar ôl prysurdeb Dulyn, a'r tawelwch yn ddigon â fy nychryn weithiau. Allwn i ddim meddwl am symud yn ôl i Fôn i fyw, ond weithiau, heb i mi sylwi, roedd hiraeth yn cael gafael arnaf. Doedd dim rheswm i mi hiraethu gan fy mod i adref mor aml... ond roeddwn bellach yn 39 oed. Tybed oedd hiraeth yn codi'i ben yn amlach wrth i berson fynd yn hŷn?

* * *

Pan agorais y drws a chamu i gegin Mam roedd y ffrij yn canu grwndi, a phentwr o lestri yn sychu ar ochr y sinc yn yr haul. Roedd darn o fara menyn ar lawr ger y drws, a phlygais i'w godi.

'Glyn, chdi sy 'na, ia?'

'Ia, dim ond fi.'

Cerddais drwodd i'r ystafell ffrynt ar ôl cadw fy nghôt a rhoi fy mag yn y coridor.

'Dach chi'n iawn? Be oedd y frechdan yna'n da ar y llawr?'

'Duw, disgyn odd' ar y plât 'ma nath hi, a fedrwn i ddim plygu i'w chodi hi. Geith hi aros yno. Dwi 'di cael digon yma ar ben fy hun fel rhyw hen dderyn mewn caetsh! Dwi'n gweld neb drwy'r wsnos. Waeth 'mi fod mewn blwmin jêl ddim!'

'Oes rhywun wedi bod yn eich gweld chi wsnos yma?'

'Do, mi alwodd Jaci am funud i rwdlian fel bydd o. Mi ddaeth Gwyneth â theisen riwbob i mi, un neis hefyd. Fuodd Elsi am ryw awr am banad, ac mi ddaeth Elin ryw bnawn am dipyn o grempog a the. Dwi'n siŵr bod Dewi wedi bod hefyd, a Geraint i sortio'r gwaith papur a'r biliau.'

'Ma' hi'n swnio i mi fel tasa hi wedi bod yn reit brysur yma, ac mi ydach chi wedi cael sgwrs efo hwn a'r llall wrth neud negas hefyd, ma' siŵr.'

Newidiodd Mam y pwnc yn reit sydyn wrth sylweddoli ei bod hi'n cwyno am ddim byd. Gorffennodd ei phaned a rhoi'r gwpan wag wrth ymyl y lle tân.

'Sut oedd y tywydd ar y môr?'

'Neis... gwyntog ond braf.'

'Ti yma am hir 'ta dim ond tan ddydd Llun?'

'Dydd Llun, 'fath ag arfer. Ond mi ddo' i am wsnos o wyliau cyn bo hir.'

'Mae'r amser yn fflio pan wyt ti yma... dwi'n casáu bod fy hun ar ôl i chdi fynd, 'sti.' Oedodd i edrych arna i. 'Ti'n edrach yn hapus iawn. Be sy 'di digwydd?'

'Ro'n i ar fin deud wrthach chi. Dwi wedi bod yn canlyn rhywun ers mis neu ddau.'

'O'n i'n ama' rwbath! Gobeithio bod hon yn well peth na'r un swrth 'na oedd gen ti 'stalwm. Doedd dim bywyd yn honno, na gair call i'w gael chwaith. Mae'n hen bryd i ti ffeindio hogan go dda. Be 'di enw'r fodan newydd, 'ta?' Cyn i mi gael siawns i ateb edrychodd Mam tua'r ffenest fawr ac aeth yn dawel am eiliad. 'Ti am ddal i ddŵad i 'ngweld i, wyt? Meddwl o'n i ella y byddi di isio aros yn Werddon efo'r hogan newydd 'ma. Ty'd â hi yma i mi gael gweld sut beth ydi hi.'

'Mi wna i, a pheidiwch â rwdlian. Dwi'n siŵr o ddŵad yma fel arfer... a Róisín ydi'i henw hi.'

'Ydi hi'n beth ddel?'

'Yndi siŵr! Ac yn hynod o glyfar hefyd.'

'Be 'di 'i gwaith hi?'

'Gweithio mewn lle bwyta ma' hi, tra bydd hi'n gorffen cwrs MA yn y coleg.'

'Digon yn 'i phen hi felly. Ti angen gwraig dda 'sti. Mae dy frodyr wedi cael merchaid iawn i gyd. Siort ora, deud y gwir.'

Cododd Mam ei chwpan wag rhag ofn bod mwy o de ar ôl ynddi.

'Dwi 'di bod yn poeni amdanat ti byth ers y bom mawr 'na ddwy flynedd yn ôl. Ofnadwy! Lladd dim ond i ladd. Ti'n byw mewn lle peryg efo petha fel yr IRA o gwmpas.'

'Ma' petha'n well rŵan. Heddwch. Mi wnaethon nhw gytuno i stopio cwffio flwyddyn dwytha. Tydach chi ddim wedi gweld yr holl sôn ar y newyddion am y Good Friday Agreement ac ati?'

'Do, mi welis i rwbath, ond do'n i ddim wedi dallt 'u bod nhw wedi stopio cwffio chwaith. Duw, ryw hanner gwrando fydda i ar y teli 'ma.'

Wrth i Mam siarad meddyliais am y diwrnod yr es i i gwrdd â fy ffrind, Colm, am goffi yn Bewley's, Stryd Grafton, tua dechrau'r 90au. Roedd y lle'n orlawn a doedd dim sedd i'w chael yn unman. Yn sydyn, wrth waelod y grisiau i'r ail lawr, gwelais fwrdd mawr gwag gyda mainc gefn uchel ar un ochr iddo, a dyn â gwallt cyrliog mewn siaced ledr frown yn darllen yr *Irish Times* yn eistedd yr ochr arall. Roedd dau ddyn moel mewn cotiau lledr du yn eistedd un bob pen i'r bwrdd ond yn wynebu allan at y byrddau eraill. Cerddais draw yn reit sydyn ac eistedd ar un pen i'r fainc, a dechrau yfed fy nghoffi a darllen fy mhapur newydd. Nodiodd y dyn gwallt cyrliog arnaf o'r tu ôl i'w bapur. Aeth ugain munud heibio ac er i'r caffi ddal i lenwi ddaeth neb i eistedd wrth fy ymyl er bod lle i ddau arall yno'n ddigon hawdd. Daeth Colm o rywle a rhoi llaw ar fy ysgwydd, gan amneidio i mi fynd efo fo. Roedd golwg ddifrifol ar ei wyneb felly codais fy nghoffi a 'mhapur a'i ddilyn i ben arall y caffi. Cyn i mi ofyn beth oedd yn bod dechreuodd Colm siarad: 'Jaysus, what do yous be thinking? Do you not know why no one was sitting at the table?' Edrychais arno'n hollol dwp. 'The curly haired guy is Martin McGuinness!' eglurodd. 'Did you not cop on to his two heavies each end of the table? You don't sit at the same table as the commander in chief of the IRA!'

'Glyn, ti'n gwrando? Breuddwydio wyt ti? Deud o'n i nad ydw i wedi gweld Jên ers oes rŵan a hitha ddim ond i lawr y lôn. Well i ni fynd i'w gweld hi – ma' hi wedi bod yn wael yn ôl Elin, ei chwaer. Ma' hi bob tro yn gofyn sut wyt ti ac os wyt ti'n dod adra, a ti wedi addo mynd â fi ers tro. Well i ni fynd heddiw dwi'n meddwl.'

Cyfnither bell i Nhad oedd Jên, a ffrind i Mam ers blynyddoedd. Bu Mam yn galw i weld Jên yn reit aml ond ers i'w phen-glin waethygu roedd yn ei chael yn anodd cerdded ar hyd y lôn gul, anwastad at y tŷ.

Roedd y Plas yn lle diddorol, hen dŷ eitha crand yng nghanol gerddi ffurfiol, trwsiadus a gynlluniwyd rywbryd yn y dauddegau. Roedd meibion Jên wedi ailddarganfod yr hen ardd gywrain oedd wedi ei gorchuddio â thyfiant blynyddoedd maith, a'i hadfer i'w holl ogoniant. Anelais y car i fyny'r lôn fechan garegog drwy goed pin tywyll.

'Dwi'n siŵr bod fama'n grand ers talwm. Pobl go uchel oedd pob un o deulu gŵr Jên, yn ôl yr hyn dwi 'di'i glywed.

Roedd ganddyn nhw ddigon o bres i godi lle fel hwn, ma' raid.'

Pan yrrais y car i mewn i'r iard gefn, y tu ôl i waliau uchel y tŷ, roedd Jên yn eistedd ar y fainc yn mwynhau gwres yr haul, a blodau mewn potiau mawr bob ochr iddi. Doeddwn i ddim wedi gweld Jên ers tro, a sylwais fod ei chefn wedi plygu gyda phwysau'r blynyddoedd. Roedd yn gwisgo barclod o batrwm blodeuog a siwmper gynnes, ei hiwnifform ers i mi allu cofio, a gwisgai ei gwallt syth i lawr at waelod ei hysgwyddau. Fyddai Jên ddim yn cael pyrm fel merched eraill ei chenhedlaeth. Parciais y car yng nghysgod y tŷ a helpu Mam i agor ei gwregys diogelwch.

'Jên druan. Ew, ma' hi 'di cael bywyd caled, 'sti. Dim byd ond gwaith drwy'r adeg. Syndod 'i bod hi'n dal i edrach mor dda! Wn i ddim sut ma' hi'n medru, wir, ac yn dal i edrych ar ôl y hogia mawr 'na.'

Syllodd Jên tuag atom wrth i ni ddod allan o'r cysgod, a lledodd gwên ar draws ei hwyneb.

'Mari a Glyn sy 'ma! Dew, dyma syrpréis neis! Dewch i ista lawr wrth fy ymyl i. Mae'r haul yn boeth braf yn y cefn 'ma.'

'Ro'n i'n meddwl mai allan yn yr haul fasach chi heddiw, Jên. Eich hun dach chi?'

'Na, ma'r hogia'n potsian o gwmpas yn rwla hyd y lle 'ma. Neis eich gweld chi, Glyn. Ydach chi dal yn licio tua Werddon 'na?'

'Ydw, wrth fy modd. Dach chi'n edrach yn dda, Jên.'

'Mae o wedi cael cariad newydd hefyd, Jên. Newydd ddeud wrtha i mae o. Ma' rhywun yn siŵr o'i ddwyn o oddi wrtha i, gewch chi weld!'

'Da iawn chdi, Glyn, a phob hapusrwydd i ti. Ia wir. Unwaith es i i Werddon erioed. A digwydd bod, roedd Presidant America yno 'run pryd â fi. Oedd wir, roedd Dulyn yn llawn o bobol hyd y lonydd ym mhob man. Kennedy oedd 'i enw fo, a dwi'n cofio sefyll ar ochr y stryd a'i weld o'n pasio mewn rhyw gar hir, du.

Gafodd o'i ladd yn y diwadd, dwi'n cofio, a hwnnw i weld yn un reit dda. Biti. Es i ddim yn ôl ar ôl hynny. Ydach chi am banad?'

Er oedran helaeth Jên gwelwn fod digon o ysbryd ynddi o hyd. Dechreuodd Mam a hithau ymgolli mewn sgwrs nes iddyn nhw anghofio 'mod i yno. Doedd dim gwahaniaeth gen i – braf oedd yr haul a'r awel ysgafn a chwythai o amgylch y tŷ, a braf oedd clywed y Gymraeg yn gymysg â chân yr adar, y caneuon yn gwau o gwmpas y brawddegau a'r chwerthin.

Yn sydyn ymddangosodd Dic, un o feibion Jên, â bwyell yn ei law. Eisteddodd wrth ein hymlau heb ddweud dim, dim ond rhoi ochenaid fach, ac ufuddhaodd pan ddywedodd Jên wrtho am roi'r fwyell i lawr cyn iddo frifo rhywun. Un swil oedd Dic, a chymerai sbel iddo ymlacio i sgwrsio mewn cwmni. Tynnodd sigarét o'i boced a'i thanio, a dechreuodd Mam besychu'n syth.

'Dos o'ma efo dy fwg. Ti'n gwneud i Mari dagu fel ci!'

Aeth Dic mor sydyn ag y cyrhaeddodd, ond gadawodd y fwyell mewn bonyn coeden gerllaw.

'Tydi o ddim yn boeth yn y dillad trwm 'na ar ddiwrnod fel heddiw, Jên?' gofynnodd Mam.

'Duw, fel'na mae o'n licio erioed. Os geith o smôc a llonydd mae o'n ddigon hapus i weld. Mae Alwyn newydd fynd â'r ci bach am dro, ond mae Arfon yn fama rŵan, wedi'n clywad ni'n siarad ma' siŵr.'

Arfon oedd y brawd hynaf o bedwar – adra efo Jên oedd tri ohonyn nhw, a'r pedwerydd yn byw yn eitha agos, a'r unig ferch wedi priodi a symud i ffwrdd. Roedd gan Jên feddwl mawr o'i hogia, fel roedd hi'n eu galw, er eu bod nhw'n ddynion yn eu chwedegau cynnar. Eisteddodd Arfon wrth fy ochr a dechreuodd fy holi'n syth am fy mywyd yn Iwerddon.

'Lle drud oedd o pan es i drosodd, sigaréts yn rhad ar y llong, cofia. Petha clên di'r Gwyddelod. Fyddi di'n cael Guinness yno?'

Doedd dim ots gen i ateb yr un cwestiynau dro ar ôl tro, a dilynais Arfon ar hyd llwybr bychan heibio'r tŷ gwydr llawn tomatos i ben pella'r ardd, oedd yn anghysbell ac yn oer o dan frigau trwchus y coed. Rhedodd ias i lawr fy nghefn. Edrychais yn ôl ar yr hen dŷ gan edmygu'r coed clematis oedd wedi tyfu'n drwchus dros y ffenestri. Fûm i erioed drwy'r tŷ i gyd, dim ond yn yr ystafell lle'r oedd Jên yn treulio'r rhan fwyaf o'i hamser, ac yn y gegin isaf lle byddai pawb yn eistedd. Yn ôl Mam, roedd nyrseri hen ffasiwn yno nad oedd wedi cael ei newid ers plentyndod gŵr Jên, a fu farw pan oeddwn i'n blentyn.

Torrodd llais Arfon ar draws fy meddyliau.

'Ty'd ffor'ma!'

Ymbalfalais ar ei ôl i berfeddion coedlan bin drwchus a gwelwn wal derfyn bella'r ardd ganllath o fy mlaen.

'Drycha, Glyn! Be weli di?'

'Coed?'

'Ia, coed. Doedd y coed 'na ddim yma, 'sti. Ers talwm mi oeddan ni'n medru chwara ffwtbol yn fama.'

'O ble dda'th yr holl goed?'

'Fi blannodd nhw, siŵr Dduw. Sbia 'di tyfu ma' nhw!'

Roedd nodyn trist yn llais Arfon wrth iddo ddangos lle'r oedd o a'i frodyr wedi bod yn chwarae pêl-droed pan oedden nhw'n hogia. Ceisio cyfleu i mi pa mor sydyn y gall amser wibio heibio heb i ni sylweddoli oedd Arfon, ond wnes ddim deall hynny ar y pryd. Yr unig beth allwn i ci weld oedd coed wedi tyfu'n wyllt a phlethu drwy'i gilydd.

'Ty'd, awn ni'n ôl rŵan, i nôl tomatos i ti fynd efo chdi.'

Roedd y tŷ gwydr yn orlawn o blanhigion o bob math. Aeth Arfon i mewn ac arhosais i allan gan nad oedd lle i ni'n dau, a dechreuodd lwytho'r ffrwythau coch i fag plastig nes ei fod bron â thorri.

'Ma' hynna'n hen ddigon i ni, diolch i ti.'

'Ti'n siŵr? Fedri di ddim cael gormod o domatos cartra, 'sti.'

Roedd coch llachar y tomatos yn destun rhyfeddod i Mam.

'Sut dach chi'n 'u tyfu nhw mor dda, Jên?'

'Duw, yr hogia 'ma sy'n potsian a chael hwyl arni. Fasach chi'n licio wyau, Mari?'

''Sgynnoch chi rai i'w sbario? Neis ydi wy pen doman, ddim fel yr hen betha siop 'na.'

Gwaeddodd Jên ar Dic i nôl yr wyau, ac ymhen chwarter awr daeth Dic yn ei ôl gydag iâr frown yn ei law a gwên ar ei wyneb. Dangosodd yr iâr i Mam gan ddweud pa mor dda oedd hi am ddodwy.

'Dos â'r deryn 'na o wyneb Mari neu mi fydd hi'n tagu eto. Wyau sy isio – dos i nôl hynny sy 'na!'

'Mi fydd hanner dwsin yn hen ddigon i ni, Jên,' protestiodd Mam, ond daeth Dic yn ei ôl efo dwsin o wyau mawr brown a thipyn o blu coch o gwmpas y bocs.

Pan ddaeth yn amser i adael, cariodd Mam y bocs wyau fel babi yn ei breichiau at y car.

'Mae wy ffres yn well na phres 'sti,' meddai wrth setlo yn ei sedd. 'Pwy sy isio pres pan ma' gen ti lond cwt o ieir ac wyau gwerth chweil!'

Gyda chymorth Arfon i fagio, anelais y car yn ôl i lawr y lôn fechan drwy'r coed tywyll. Gwelwn Jên yn codi ei llaw yn nrych ôl y car, ac Arfon yn tanio sigarét arall.

'Petha ffeind ydyn nhw, ac roedd Jên yn edrach reit dda, yn doedd? Ew, ma' hi 'di'i cha'l hi. Priodi'n sydyn efo dim ond sgarff ar ei phen, medda hi, a'i gŵr yn mynd yn wael wedyn. Wn i ddim sut ma' hi wedi manejo yn yr hen dŷ tywyll 'na wir.' Oedodd i gymryd ei gwynt. 'Be ar y ddaear ydan ni am wneud efo'r holl domatos a'r wyau 'ma! Dwi'n siŵr y basa dy gariad newydd yn lecio wyau fel hyn. Wn i, gei di neud omlet mawr i ni heno. Ti'n un da am neud omlet.'

* * *

O, diolch i Dduw am y gwely! Ma' heddiw wedi bod yn ddiwrnod hir. Ond ma' fory gen i eto cyn i Glyn fynd yn ei ôl, i droi am y môr. Sgen i ddim mynadd mynd i Fangor i siopa – well gen i fod wrth y môr, yn y gwynt ac oglau'r heli. Fedra i ddim dallt pobol sy'n ista yn y tŷ o flaen y bocs ddydd a nos – fyddan nhw wedi marw cyn troi rownd, a difaru fyddan nhw wedyn.

A' i ddim i'r capal bora fory – mi fydd yn rhaid i mi ffonio Tecwyn i ddeud wrtho fo am beidio dod i fy nôl i. Teimlad braf ydi mynd i gysgu yn gwybod y ca' i fynd allan o'r fflat 'ma fory am dipyn o wynt.

* * *

Gwyliais y newyddion am ddeg o'r gloch ar ôl i Mam fynd i'w gwely. Deg o'r gloch oedd amser Mam i glwydo, a dim hwyrach. Byddai'n cymryd ei thabledi a thynnu ei dannedd gosod ond wnâi hi byth ddweud nos da, dim ond dweud wrtha i am gofio diffodd y tân, tynnu plwg y teledu o'r wal a chofio agor cyrten y ffenest ffrynt. Am ryw reswm roedd hi'n casáu cerdded i mewn i ystafell fyw dywyll yn y bore, felly roedd yn rhaid cofio am y cyrten. Byddwn innau'n mynd i fy ngwely yn llawer cynt nag arfer ar benwythnosau pan fyddwn adref, gan gymryd y cyfle i ddal i fyny ar gwsg prin yn dilyn prysurdeb fy mywyd yn Nulyn. Mae treigl amser yn wahanol mewn dinas – mae amser yn arian ac amser yn brin yno. Rhaid deffro i fynd i'r gwaith, peidio bod yn hwyr, cyflawni gwaith mewn pryd a mynd i gyfarfodydd yn brydlon. Yn ogystal â hynny roeddwn yn mynd i'r grŵp ysgrifennu ac yn gwneud amser i weld Róisín – bydden ni'n dau yn mynd i gigs neu i weld ffilmiau, a phob bore Sul byddem yn cerdded ar hyd morglawdd hir Dún Laoghaire a threulio gweddill y diwrnod efo'n gilydd. Yn llonyddwch fflat Mam roedd popeth y ffordd chwith: teimlwn amser yn arafu, yr oriau'n tician heibio'n hamddenol ar y cloc uwchben y tân nwy. Roedd gormod o amser, llond caeau o amser. Pob eiliad wedi troi yn funud, a gwynt ffres y wlad yn drwm a thrwchus a blinedig wrth i fy nghorff ddod i arfer â rhythm hollol wahanol.

Drwy'r tawelwch daeth sŵn chwyrnu isel Mam o'r ystafell

wely drws nesaf a dripian y tap dŵr oer yn yr ystafell molchi. Roedd hyd yn oed y nos yn araf yng nghefn gwlad.

Gwawriodd y bore yn dipyn gwell nag addewid y rhagolygon tywydd. Cefais y job o ffonio Tecwyn, cyfaill i Mam, i ddweud wrtho am beidio dod i'w nôl hi y bore hwnnw. Roedd Tecwyn wedi bod yn danfon Mam i'r capel ers iddi symud i Amlwch, gan ei galluogi i gadw cysylltiad â'i ffrindiau yn Sarn. Ar ôl gwneud yr alwad es ati i helpu efo'r cinio Sul.

Doedd y cinio Sul ddim yr un peth ers i Mam adael Tŷ Capel. Dim ond tatws menyn ac ychydig o gig, ham neu eidion fel arfer. Roedd dyddiau'r cinio mawr: y paratoi am oriau, y berwi a'r rhostio a phobi teisennau y diwrnod cynt, wedi hen fynd. Roedd bwydo'r pregethwr yn y parlwr, a gwneud yn siŵr fod popeth yn berffaith ac yn ei le, yn rhan o'r gorffennol. Cinio syml, sydyn oedd gan Mam bellach, ac roedd hynny'n fy siwtio innau i'r dim gan 'mod i bellach yn llysieuwr. Ar ôl Swiss rôl a chwstard, golchi'r ychydig lestri a seibiant bach, roedd Mam â'i bryd ar gychwyn allan.

'Awn ni am reid rownd y top at ochrau Dulas, ia?'

'Iawn, siort ora. Paid â mynd yn agos i'r capal rhag i rywun fy ngweld i. Mae rhai yn hel straeon am ddim byd.'

'Dowch yn eich blaen, 'ta!'

'Paid â 'nghythru i! Fedra i ddim mynd mor sydyn â chdi heb golli 'ngwynt yn llwyr.'

Roedd y stryd y tu allan yn hollol dawel heb neb i'w weld heblaw ambell gi a gwylan fôr. Edrychai pobman ychydig yn well yn yr haul. Plygai'r coed i un ochr yn y gwynt a rhedai cymylau'n uchel hyd yr awyr las.

'Ti'n meddwl yr eith y llong fory? Oes raid i chdi fynd?'

'Tydi gwynt fel hyn yn ddim byd i'r fferis, a dwi'n brysur iawn yn fy ngwaith ar hyn o bryd, felly ma' raid i mi fynd.'

Ymhen dim roeddwn yn troi i'r chwith i lawr heibio Capel Bosra. Nid oedd llawer o Dŷ Capel ar ôl – y ffenestri wedi torri a'r tywydd wedi chwipio'r adeilad nes i lechi ddechrau disgyn o'r to. Gyrrais heibio'r ysgol fechan lle'r aeth fy nhad ar ddechrau'r Rhyfel Byd Cyntaf. Mae gen i lun ohono yn ei ddosbarth gwaith coed, yn un ymysg tair rhesaid o hogia, oll yn gafael mewn gwahanol daclau trin coed. Mae Nhad yn syllu ar y camera gan afael mewn plaen, a throwsus bach melfaréd am ei goesau ifanc.

Ymlaen ar hyd lonydd culion oedd â drain yn gordyfu drostynt, nes i'r olygfa agor tua'r môr. Parciais y car mewn encil gyferbyn â wal gerrig am ennyd er mwyn i Mam a finnau gael edrych ar y llethrau eithinog a redai i lawr at yr arfordir, a phenrhyn hardd Pwynt Leinws. Neidiai ceffylau gwyn hyd y môr a gwelwn y llanw'n troelli o gwmpas y trwyn. Caeodd mam ei ffenest gan gwyno am y gwynt oer, a thynnodd goler ei chôt i fyny.

Dilynais y ffordd fechan ar draws ochr y bryn i gyfeiriad y dwyrain lle'r oedd y môr fel plât mawr glas o'n blaenau. Gwelwn Ben y Gogarth yn glir ac arfordir uchel Eryri yn pellhau tuag at Abergele, Rhyl a Phrestatyn, trefi ac ardaloedd dieithr i mi. Pan oeddwn yn blentyn ar dripiau ysgol Sul byddai ardaloedd y carafannau a'r Amiwsment Arcêd yn ddigon i fy nychryn. Er bod gwefr o fath o gael mynd i ffair Rhyl a phrynu pecyn Airfix yn un o siopau'r stryd, teimlwn yn ofnus yno, ac allan o fy nghynefin.

Wrth yrru hyd y lôn fechan oedd â gwair yn tyfu ar hyd ei chanol roedd hi'n anodd i'r ddau ohonom gadw ein meddyliau yn y presennol. Cuddiai'r gorffennol y tu ôl i bob congl a giât ffferm, ac fel y degau o ffesantod a godai o gaeau stad Llys Dulas llifodd bwrlwm o atgofion. Byddai'r bws ysgol yn dod â fi ar hyd y ffyrdd culion hyn. Ar waelod lôn gul garegog byddai merch o'r enw Rhian yn disgwyl y bws wrth y giât. Ambell waith byddai'n eistedd wrth fy ymyl a phrin y medrwn ddweud yr un gair wrthi gan fy mod i mor swil. Roeddwn yn meddwl 'mod i mewn cariad efo Rhian, a hyd heddiw gallaf gofio arogl ei gwallt hir a'r hwyl oedd yn ei chwerthin cynnes.

Arafais y car er mwyn i dractor mawr basio, a chaeodd Mam ei ffenest unwaith eto gan fod arogl cryf tail gwartheg yn llenwi'r car. Erbyn hyn roeddwn yn gyrru'n araf dan orchudd coed Lôn Dywyll. Plygai'r canghennau trwchus dros y lôn nes mygu'r haul.

'Ti'n cofio'r hen ddynas ddiawl 'na'n rhoi'r ddam i dy dad yn fama?'

'Na – doeddwn i ddim efo chi.'

'Roeddan ni wedi stopio yn fama fel arfer ac aeth Twm dros y wal acw i nôl dipyn o goed tân. Duw, roeddan ni wedi bod yno lawer gwaith ar yr un perwyl heb wneud drwg i neb.'

'Be ddigwyddodd, felly?'

'Ti'n gweld y loj yn fan'cw? Daeth yr hen sguthan 'ma allan o'r tŷ a rhoi dam go iawn i Twm! "Get off our property!" medda hi. "This is part of the estate and you've no right at all to be here! I'll report you to the estate manager." Roedd Twm yn rhy neis, ddywedodd o ddim byd wrthi, ac mi ddaeth yn ôl wedi dychryn a heb y pricia tân. Roedd o wedi teimlo, mi fedrwn weld ar 'i wyneb o. Wna i byth anghofio'r hen sguthan honno. Saeson yn meddwl 'u bod nhw'n well na ni, ac yn ddim byd yn y diwedd.'

'Dynas ifanc oedd hi?'

'Na, rhyw hen beth dena heglog mewn sgert twîd, siŵr Dduw! Crachach go iawn. Byw yn y loj ar 'i phen 'i hun, mam un o'r cipars neu un o'r manijars ddiawl 'na.'

Cefais fy synnu pa mor flin oedd Mam yn dal i fod, a blynyddoedd lawer wedi pasio ers y digwyddiad yn y coed. Gwelwn ei bod hi'n dal i deimlo brath geiriau'r ddynes, a gofynnais iddi pam. Trodd Mam i syllu'n hegar i gyfeiriad y tŷ cerrig bychan a'i ardd o rosod coch.

'Doedd dim rhaid iddi fod mor annifyr. Dim ond bod yn gwrtais oedd isio. A Twm mor wael, ac mor wan. Prin roedd o'n medru casglu'r pricia, roedd o mor sâl. A pan ddaeth o'n ôl i'r car mi oedd o'n crynu ar ôl cael cymaint o sioc gan yr hen sguthan. Roedd o wedi mynd mor wan doedd 'na ddim llawer y gallai o wneud, dim ond dreifio chydig a hel dipyn o goed tân. A'r hen *lady muck* 'na'n cega yn 'i wynab o fel'na. Roedd dy dad yn fonheddwr a byth yn cega ar neb. Mi gipiodd hi'r unig beth roedd o'n dal i allu 'i neud oddi wrtho. Geith hi weld ryw ddiwrnod, mi ddaw 'i hamser hitha hefyd.'

'Be ddeudodd Nhad?'

'Dim byd, jest. Ond roedd yn ddigon hawdd gweld 'i fod o wedi teimlo i'r byw. Taswn i wedi bod efo fo yn y coed... wel, mi fysa hi wedi ca'l llond ceg gen i. Pobol ers talwm yn gweithio'n galad iddyn nhw ac yn codi capia a gwyro o'u blaena nhw... ma'r holl beth yn fy nghorddi i!'

'Be fasach chi'n neud tasach chi'n gweld yr hen sguthan rŵan?'

'Mynd ati a'i hatgoffa hi o'r diwrnod hwnnw a deud wrthi dyn mor ffeind oedd dy dad. Dim mwy na hynna. Ma' hi'n pydru dan y ddaear erbyn hyn ma' siŵr, a gobeithio mai yno bydd hi!'

Aeth Mam yn dawel, ac edrychodd allan drwy'r ffenest. Cofiais innau sut y byddwn, wrth fynd i granca efo Nhad, yn cymryd *short cut* ar hyd y lôn fechan a gychwynnai wrth ochr y loj, a thrwy goed rhododendron tywyll. Roedd y ffordd fechan yn arbed dwy filltir i ni gan ei bod yn dod allan yn agos at draeth mwdlyd Dulas. Dilynwn yn ôl troed Nhad gan geisio bod yn dawel, ond ambell waith byddai'n rhaid i ni droi yn ôl gan fod un o reolwyr y stad wedi darganfod ein bod yn tresmasu. Dwi'n cofio fy nghalon yn curo'n gyflym, a Nhad yn dweud wrtha i am beidio â chrio a'i ddilyn o wrth iddo gamu'n bwrpasol yn ôl tua'r loj heb edrych yn ôl. Doedd gan fy nhad ddim parch o gwbl tuag at bobol fawr, a wnâi o ddim dangos gwendid. Erbyn hyn, roedd yr hen dŷ mawr, Plas Llys Dulas, wedi cael ei ddinistrio, ac oes aur y bobl fawr drosodd.

'Mam, ydach chi isio mynd i lawr at y traeth rŵan?'

Edrychodd Mam lawr i gyfeiriad y môr ond gwelwn fod rhywbeth ar ei meddwl.

'Be sydd? Anghofiwch am yr hen ddynas 'na rŵan.'

'Ma' petha wedi newid... ma' bywydau pobol yn lot haws heddiw. Ew, ma' rhai pobol yn frwnt. Dos adra dros y mynydd am Nebo!' gorchmynnodd Mam. 'Meddwl galw yn Siop Bwl i weld oes llaeth enwyn yno. Maen nhw'n siŵr o fod yn gorad ar y Sul.'

Roedd Siop Bwl wedi bod ar agor ers blynyddoedd, ac er ei bod wedi newid dwylo sawl gwaith ers i mi fod yn hogyn bach, roedd enw'r perchennog gwreiddiol, Mic Bwl, wedi aros. Siop Bwl fu hi erioed er i enwau ffansi Londis a Spar fynd a dŵad dros y drws. Ond er bod Mam yn meddwl fod popeth ar gael yn y siop fechan, roedd nifer o'r hen nwyddau, y Marie Biscuits a llaeth enwyn Llŷn, wedi diflannu fel y gwnaeth Mic a'i hwyl a'i dynnu coes.

Tywydd Mawr

Roedd oddeutu pymtheng mlynedd wedi mynd heibio ers i mi
fynd ar long i Iwerddon am y tro cyntaf. Er fy mod wedi croesi'r
dŵr gymaint o weithiau roeddwn yn dal i fwynhau agweddau
o'r siwrnai – mynd ar y dec uchaf mewn gwynt cryf, clywed
tonnau'n hyrddio yn erbyn ochrau'r cwch, gweld goleuadau
Dulyn o ganol y môr. Pererindod o fath, efallai, yn ôl a blaen
rhwng dwy wlad. Roedd gorwedd ar fy nghefn ar un o'r
meinciau cyfforddus yn lolfa'r llong a chau fy llygaid yn gyfle i
wagio fy mhen o'r meddyliau dibwys oedd yn tueddu i bwyso
arnaf. Teimlwn yn siomedig ar adegau wrth eistedd ar y llong
nad oedd Nhad erioed wedi gallu mynd draw i Werddon.
Roeddwn wedi dechrau trefnu trip i Mam ac yntau – dod o hyd
i ambell le iddynt aros a threfnu i logi car – ond yn y diwedd
dirywiodd iechyd Nhad yn gynt na'r disgwyl. Cofiaf y siom yn
llygaid Nhad wrth orfod cydnabod nad oedd yn ddigon cryf i
wneud y daith.

Wrth orwedd yn nhawelwch y llong gwyddwn fod straen
gwaith yn gadael ei ôl ar fy nghorff ac yn clymu fy stumog yn
dynn, ond roedd yn anodd cyfaddef hynny i mi fy hun heb sôn

am unrhyw un arall. Dechreuais sylweddoli 'mod i'n ddau berson gwahanol. Adref, Glyn Gwyddel, Glyn Werddon a Glyn Tŷ Capel oeddwn i, ac wrth i mi siarad Saesneg roedd tinc Gwyddelig yn dechrau lliwio fy llais. Yr ochr arall i'r môr yn Nulyn, Glyn Welsh neu Glyn Gymro oeddwn i, a f'acen Gymraeg yn gryf ac yn annealladwy i ambell Wyddel. Byddai'n rhaid i mi ddysgu derbyn y ddeuoliaeth honno.

* * *

Cefais ambell siwrnai go wyllt dros y blynyddoedd, ond doeddwn i byth yn sâl môr. Y fordaith waethaf ges i erioed oedd ar long fawr Irish Ferries – byddai'r llongau mawr, araf yn mynd allan ym mhob tywydd ond y tro hwn aeth pethau o ddrwg i lawer iawn gwaeth ar ôl iddi gychwyn ar ei thaith. Cychwynnais o Ddulyn tua wyth y nos gan obeithio cael penwythnos byr adref a rhoi syrpréis i Mam, ond nid fel'na bu hi. Pan sefais allan ar y dec wrth adael Bae Dulyn i wylio'r goleuadau'n diflannu i'r tywyllwch, prin y medrwn sefyll heb afael mewn canllaw, a dechreuodd y llong rowlio fel mochyn mewn mwd. Baglais yn ôl i mewn i'w chrombil. Teimlwn yn ddigon od, a doedd arogl y saim sglodion a chwrw ddim yn helpu, felly ar ôl rhyw hanner awr roedd yn rhaid i mi fynd yn ôl allan i'r awyr iach. Ceisiais wneud fy ffordd i fyny'r grisiau i'r dec, ond erbyn hynny roedd yn rhaid i mi afael yn dynn yn rhywbeth bob eiliad er mwyn aros ar fy nhraed. Agorais y drws i'r tu allan a chael fy nharo gan wynt mor bwerus, fedrwn i ddim cymryd cam yn fy mlaen. Llwyddais i gau'r drws gydag anferth o glep.

Disgynnodd distawrwydd afreal dros y teithwyr am weddill y siwrnai, ac roedd golwg sâl iawn ar ambell un wrth i'r tonnau sgytian y llong anferth fel petai'n degan plentyn. Methais gysgu, dim ond cau fy llygaid a cheisio anadlu'n ddwfn. Daeth neges ar yr uchelseinydd yn ein hysbysu fod modd i ni gael pryd bwyd am ddim gan fod y llong yn rhedeg mor hwyr, ond welais i neb yn codi i fynd i'r caffi. Y peth olaf ar ein meddyliau oedd pryd o fwyd.

Erbyn hyn roedd y llong ddwy awr a mwy yn hwyr, ac yn dal i gwffio drwy'r mynyddoedd o donnau tuag at forglawdd Caergybi. Gallwn weld goleuadau'r dref yn codi ac yn gostwng drwy'r glaw, a llwyddais i syrthio i gysgu am awr go lew. Pan ddeffrais, roedd y llong yn ceisio docio, ond wrth iddi fagio'n araf chwipiodd corwynt o gwmpas ochrau'r llong a chwythu cefn y fferi yn erbyn y jeti haearn a'i suddo. Mor agos! Gallwn weld y gweithiwyr yn sefyll yn yr harbwr islaw, yn gweiddi ar y criw nad oedd dim arall y gallen nhw'i wneud i'n helpu ni heb jeti.

Yr unig opsiwn, yn ôl y Capten, oedd hwylio i'r ochr bellaf i Ynysoedd y Moelrhoniaid oddi ar arfordir gogleddol Môn i aros i'r storm basio. Eglurodd eto fod bwyd a diod i'w gael am ddim, ond chododd neb y tro hwn chwaith. Symudodd y llong yn araf ofalus oddi wrth harbwr Caergybi i wynebu'r storm drachefn, ac er i mi lwyddo i hanner cysgu drwy'r nos roeddwn yn dal i deimlo curiadau'r môr ar fetel y llong.

Cefais fy neffro yn oriau mân y bore gan lais y capten ar yr uchelseinydd: roedd y gwynt wedi gostegu'n weddol a'r llong ar ei ffordd yn ôl i'r ynys Werdd – heb y jeti, docd dim modd dadlwytho'r ceir a'r lorïau oddi ar y llong yng Nghaergybi. Cyrhaeddais yn ôl yn harbwr Dulyn tua saith y bore a chefais fws – am ddim, wrth gwrs – i'r dref. Diolchais nad oeddwn wedi dweud wrth Mam 'mod i wedi penderfynu teithio adref, gan y byddai wedi poeni ei henaid amdana i.

Yn fy mlinder ar y bws teimlwn ryddhad o fod yn ôl yn Iwerddon a siom o fethu cael gweld Mam. Sylweddolais fy mod i'n dyheu am ryw wlad berffaith nad oedd yn bod mewn gwirionedd, ac y byddai'n rhaid i mi, un diwrnod, benderfynu ble yn union y dylwn i fod.

Newyddion

Dwn i'm pryd bu o adra ddwytha, wir. Mae pob diwrnod fel blwyddyn er 'mod i'n gweld yr hogia eraill bob penwythnos, ac er bod Glenda'n ffonio'n reit aml hefyd, ew, mae'n anodd gwbod sut i lenwi amser. Ofn mynd yn wirion ydw i, a cholli fy meddwl. Mae 'na fwy a mwy o bobol dwi'n 'u nabod wedi mynd i lawr y lôn honno. Fydd dim ar 'y nghyfar i wedyn ond cael fy nghartio i hôm, a 'ngadael yno i farw. Ers talwm, y teulu yn edrach ar ôl hen bobol – Duw, doedd 'na ddim ffasiwn beth â chartra hen bobol 'radag honno. Os fetha i fynd fyny a lawr y blydi grisia 'na, mi fydd hi wedi darfod arna i.

Tydi'r ffôn ddim yn canu hanner cymaint ag yr oedd o ers talwm... ella fod pobol wedi laru 'nghlwad i'n cwyno. Ond mae Glenda druan yn dal i ffonio, er nad ydi hi'n hannar da efo'r hen gansar ddiawl 'na. Welais i ni neb mor gry' â hi. Mi faswn i wedi rhoi gif-yp cyn dechra.

* * *

'Be ti'n da yma heddiw?'

'Nes i benderfynu'n sydyn neithiwr y byswn i'n dod draw. Doedd 'na ddim amsar i ffonio i ddeud.'

'Pryd ti'n mynd yn ôl?'

'Nos fory.'

'Be 'di'r pwynt dŵad am gyn lleied o amser?'

'Meddwl y bysa fo'n syrpréis bach i chi.'

'Pam na fedri di aros yn hirach?'

'Dwi'n rhy brysur, Mam. Dwi'n gweithio ddydd a nos fel ma' hi.'

'Wel... difaru wnei di. Well i ti slofi lawr.'

Prin yr edrychodd Mam arnaf wrth orffen ei brecwast, a dechreuais feddwl y dylwn fod wedi aros yn Iwerddon. Roedd yr ystafell yn daclus fel arfer, y tân nwy yn anadlu'n dawel a'i wres yn sychu'r aer gan wneud y ddau ohonom yn gysglyd annifyr. Chwythai'r gwynt drwy frigau'r goeden fawr o flaen ffenest y fflat a rhedai cawod ar ôl cawod i lawr y gwydr. Dechreuais ailfeddwl ynglŷn â rhannu fy newyddion efo Mam, a hithau mewn tymer mor ddrwg, ond dyna oedd pwrpas fy ymweliad. Roedd yn rhaid mi ddweud wrthi ryw ben.

'Sbia'r tywydd. Dwi 'di laru yn y twll 'ma.'

'Fedran ni fynd allan pnawn 'ma.'

'I le? Does 'na ddim byd yn nunlla ar dywydd fel hyn.'

'Iawn. Ond ma' gen i newyddion i chi.'

Edrychodd Mam arnaf yn bryderus a chodi i eistedd yn syth yn ei chadair. 'Be rŵan eto? Be sy wedi digwydd?'

'Dim byd drwg. Mae Róisín a finna wedi penderfynu priodi.'

'Priodi? O, diolch byth. Ro'n i'n meddwl dy fod di'n sâl neu rwbath!'

Cymerodd Mam swig o'i phaned er ei bod wedi mynd yn oer, ac anadlodd yn ddwfn cyn siarad.

'O, mi wnest ti fy nychryn i wir! Wel, dyna sioc! Pryd briodwch chi? Fydd raid i mi ddŵad i Werddon hefo'r cric'mala 'ma?'

'Na. Rydan ni am briodi yn Rhufain, yn yr Eglwys Gatholig yno. Mae 'na dipyn go lew o Wyddelod yn gwneud hynny, 'chi. Priodas fechan iawn fydd hi – tydi mam Róisín ddim yn licio priodasau mawr ac mae hi'n hapus i beidio gorfod ffysian. Dim ond y ddau ohonon ni a dau ffrind fydd yn mynd.'

'O, da iawn wir. Ma' priodi wedi mynd yn wirion o ddrud dyddia yma. Pum punt dalis i am fy risepshon i gyd, a hwnnw'n fwyd neis hefyd... yn yr Avondale yn Amlwch.'

'Be dach chi'n feddwl o'r newyddion, 'lly? O'n i'n meddwl y basa fo'n sioc i chi.'

'Ro'n ni wedi synhwyro pan fu hi yma mai hon oedd yr un. Dwi wedi bod yn hanner disgwyl i ti ddeud wrtha i ers tro. Ti'n gwneud yn iawn. Ma' hi'n dlos iawn a gwên gwerth chweil ganddi – ac yn hogan glyfar. Ma' hi wedi bod yn ffeind efo fi bob tro, yn dod â phresant bach i mi bob amsar, chwara teg iddi.'

'Dach chi'n hapus felly?'

'Duw, yndw siŵr. Pawb isio bod yn hapus, yn tydyn? Hogan iawn ydi hi. Mae petha'n newid, dyna ydi natur bywyd 'te. Well i ti briodi cyn i ti fynd yn rhy hen.'

'Hen? Dwi ddim yn hen! Be haru chi?'

'Ti'n fforti-rwbath ddiwadd y flwyddyn 'ma, cofia, a dach chi efo'ch gilydd ers dwy flynadd, o leia.'

Aeth Mam yn dawel am funud neu ddau wrth geisio prosesu'r newyddion fod ei mab ieuengaf am briodi o'r diwedd, a throais innau i edrych allan drwy'r ffenest. Roedd y glaw wedi creu pyllau mawr ar hyd y lôn a cheir yn byrlymu drwyddynt gan dasgu'r dŵr budr dros y pafin. Roedd disgrifiad Mam yn agos at ei le: 'y twll'. Yn yr ardd gefn gwelwn o leiaf ddeg o wylanod môr yn dawnsio ar y glaswellt er mwyn denu llyngyr daear – o leia roedd golwg hapus arnyn nhw.

Dechreuodd Mam besychu – roedd ganddi beswch caled, sych hyd y cofiwn i, er na allai'r arbenigwyr ganfod pam. Awgrymodd rhai fod asthma arni, eraill mai ei nerfau oedd y broblem. Gallai hynny fod yn wir – bu nerfau Mam yn fregus erioed, a hithau'n tueddu i or-boeni am bopeth. Wnaeth na ffisig na thabled erioed les iddi, a theimlwn bellach fod y tagu yn alwad am gymorth, yn ffordd o gael sylw.

'O, diar... 'na fo, mae o 'di setlo rŵan,' meddai gan sychu ei llygaid. 'Mi fydd yn rhaid i chdi ga'l siwt ar gyfar y briodas – thâl hi ddim i ti edrach fel tramp wrth ochr dy wraig a honno mor ddel. Braf arnat ti, a dy fywyd o dy flaen di, a finna'n sbio ar y walia a siarad efo fi fy hun, yn dŵad at 'i ddiwadd o. O leia mi fydd gen i'r briodas i feddwl amdani rŵan, er na fydda i yno.'

'Dach chi'n llawn hwyl heddiw, a finna wedi dod â newyddion da.'

'Paid ti â dechra! Dim ond deud y gwir ydw i. Fydd gen ti lot i'w drefnu rŵan. Buan y daw mis Mai cyn i ti feddwl. Be ydi'r flwyddyn 'ma, dŵad – *two hundred and one*, ia?'

'Naci, *two thousand and one!* Ma' hi'n ganrif newydd rŵan.'

'Fedra i yn fy myw â pheidio deud nain-tîn rwbath. Dwi'n methu'n glir â chael y flwyddyn 'ma i 'mhen. O leia mi ga' i weld y llunia gen ti ar ôl i ti ddŵad yn d'ôl, os bydda i yma.'

Wnes i ddim ateb, dim ond cymryd dracht o fy mhaned ac edrych ar yr addurniadau oedd ar hyd y silff ben tân: dau garw bychan gwyn, melin wynt o'r Iseldiroedd, llun bychan bach o ynys Malta. Byddai pawb yn siŵr o ddod â chofrodd i Mam oddi ar unrhyw wyliau tramor, a hithau'n falch eu bod wedi meddwl amdani.

Wrth syllu allan ar y glaw cofiais am y diwrnod a dreuliais yn Ynys Manaw efo fy mrawd, Geraint, a'i dad yng nghyfraith pan oeddwn yn hogyn bach. Cychwynnodd y tri ohonom yn gynnar ar y fferi o bier Llandudno, yn llawn cyffro, ond buan y cefais fy siomi pan ddisgynnodd niwl mawr drosom yng nghanol y môr fel na allwn weld unrhyw beth, hyd yn oed y gorwel, o ddec y llong. Dim ond tair awr oedd ganddon ni i'w treulio ar yr ynys cyn gorfod cychwyn yn ôl, felly aethom am dro drwy'r dref. Roeddwn yn benderfynol o brynu rhywbeth i Mam a chefais hyd i ful tegan bychan yn tynnu trol ar ei ôl iddi yn un o'r siopau. Mul melynfrown oedd o, a symbol teircoes yr Eil o' Man ar ei gefn, am bris o hanner can ceiniog. Teimlwn yn falch ohona i fy hun am ddarganfod anrheg mor unigryw i Mam wrth i ddynes y siop ei lapio mewn papur tenau gwyn glân i mi a'i roi mewn bag papur trwchus. Does gen i ddim llawer o gof am y siwrne adre, ond dwi'n cofio bod Mam wrth ei bodd 'mod i wedi meddwl amdani. Bu'r mul bach ar silff ffenest ffrynt Tŷ Capel am flynyddoedd lawer, cyn symud efo fy rhieni i'r byngalo i lawr y lôn ac wedyn i fflat Mam lle bu am bron i ugain mlynedd arall. Byddai Mam yn disgwyl cael rhywbeth neu'i gilydd bob tro yr awn dramor, yn brawf 'mod i wedi meddwl amdani, felly byddwn yn siŵr o ddod â rhywbeth bychan ac eitha *tacky* yr olwg iddi, gydag enw'r wlad neu'r ardal wedi ei ysgrifennu arno. Byddai'n hollbwysig i mi ddod â rhywbeth tebyg iddi o Rufain pan awn i yno i briodi.

Bu Mam yn dawel am weddill y bore tywyll, heblaw am ambell air am y boen yn ei choes neu'r dŵr poeth oedd yn codi o'i stumog, gan fod y briodas yn chwarae ar ei meddwl. Gwyddwn ei bod yn poeni na fyddwn yn dod adref ati mor aml wedyn, ond soniais i ddim gair am y peth. Eisteddodd y ddau ohonom yn dawel am hir.

'Wnei di wy wedi'i botsio i mi?' gofynnodd Mam o'r diwedd. 'Ti'n un da am 'u gwneud nhw.'

'Iawn. Ar dost?'

'Ia. A ty'd â the i mi hefyd. Ma'r tabledi 'ma'n gada'l blas drwg yn 'y ngheg i.'

Gwyddwn yn union ble roedd popeth yn cael ei gadw. Gafaelais yn y sosban alwminiwm oedd ag ôl dannedd ar ei hochr lle'r oedd fy nghi, flynyddoedd yn ôl, wedi cnoi a phlygu'r metal, a gosod dwy dafell o fara dan y gril. Y tric i wneud yr wy perffaith ydi gwneud yn siŵr nad ydi'r dŵr yn berwi'n rhy wyllt, a pheidio â gadael i'r wy lynu yn y gwaelod. Ymhen chwarter awr roedd popeth yn barod a gosodais yr wy ar ben y tost yn ofalus ar hen blât gwydr, a'i gario efo paned i Mam.

'Un da wyt ti. Lle ma'r halen?'

'A' i i'w nôl o rŵan.'

'T'yd â brechdan i mi hefyd.'

'Ma' gynnoch chi dost yn fanna.'

'Na, dwi isio brechdan hefyd, a ty'd â mwy o siwgwr i'r te.'

Cerddais yn ôl a blaen i'r gegin i nôl hyn a'r llall tra oedd Mam yn bwyta, gan deimlo'i bod hi'n gwneud ati, braidd, i ofyn ei thendans er mwyn talu'n ôl i mi am ollwng y newyddion am y briodas mor ddirybudd.

O'r diwedd roedd ei phlât yn lân.

'Neis ydi wy ar dost. Biti na faswn i'n cael hwyl arni. Mi fydd raid i mi ddysgu'n o fuan – fydd gen ti ddim amsar i wneud wy i dy fam ar ôl i ti briodi.'

'Peidiwch â rwdlian. Mi fydda i'n dal i ddod i'ch gweld chi fel arfer, siŵr. Ydach chi isio mynd allan am dro tra dwi yma?'

'Gad i mi gael rest bach gynta. Ella godith y tywydd tua'r tri o'r gloch 'ma. Gawn ni weld sut fydda i'n teimlo erbyn hynny.'

Y Gôt Ddu

'Ma' nhw wedi cyrraedd, Mam.'

'Gwna le ar y soffa iddyn nhw, a thwtia'r cwshins 'na.'

Wrth i mi edrych drwy'r ffenest ffrynt gwelwn fy mrawd, Dewi, yn tanio sigarét wrth ddod allan o'r car. Aeth rownd i ochr y teithiwr i agor y drws i'w wraig a hanner ei chodi allan o'i sedd cyn rhoi pwniad i'r drws er mwyn ei gau yn glep. Pan agorodd y drws bron i bum munud yn ddiweddarach daeth y ddau â chwa o arogl sigaréts a gwynt oer efo nhw.

Disgynnodd Glenda'n drwm ar glustogau'r soffa heb dynnu'i chôt – roedd y canser yn gafael yn dynnach ac yn dynnach yn ei chorff, a gallwn weld y dirywiad bob tro y gwelwn i hi.

'Sori ein bod ni chydig yn hwyr,' ymddiheurodd, 'mi ddaeth rhywun i'r drws pan oeddan ni ar fin cychwyn, ac ro'n inna braidd yn ara deg yn mynd i'r car. Dwi'n colli 'ngwynt ar y grisia 'ma hefyd.' Oedodd Glenda am rai eiliadau cyn parhau, ei hanadl yn drwm. 'Ti'n iawn, Glyn? Glywis i am y briodas – mi oedd dy fam wedi dychryn, ond mi fydd hi'n neis i chi gael mynd i Rufain. Mi faswn inna wedi lecio gweld Rhufain.'

Nodiais fy mhen a gwenu, heb wybod yn siŵr sut i ymateb.

Roedd Glenda'n gryf, yn gryfach na 'run ohonon ni, ac yn benderfynol o fyw ei bywyd fel arfer. Er iddi guro'r canser unwaith a mynd yn ôl i weithio, dod yn ôl wnaeth y salwch fel neidr wenwynig, dawel.

Hogan Bangor oedd Glenda – roedd ei thad yn cadw siop groser a'i mam yn gweithio yng nghegin ysgol leol – ac roedd y ddinas yn agos iawn at ei chalon. Daethai Dewi â sawl merch adref dros y blynyddoedd i gyfarfod Mam a Nhad, ond roedd rhywbeth arbennig am Glenda o'r cychwyn un. Dwi'n ei chofio hi'n dod acw am y tro cyntaf yn y saithdegau, a finna'n rhyfeddu at ei dillad ffasiynol drwy ddrws agored y gegin fechan, gan 'mod i'n rhy swil i fynd ati i siarad. Roedd hi wedi dod ag anrheg o rosyn coch mewn pot i Mam ac roedd hynny wedi plesio'n fawr. Er i Mam fwmial rhywbeth am ei sgert fer, erbyn i bawb gael te roedd hi wedi cymryd at Glenda yn arw. Priododd y ddau yn swyddfa gofrestru Bangor pan oeddwn yn bedair ar ddeg oed, gan fynd i westy wrth ymyl y pier am fwyd a thynnu lluniau wedyn. Mae llun o'r teulu cyfan mewn ffrâm gan Mam: Glenda mewn het fawr, mini-sgyrt ac esgidiau uchel gwyn a Dewi mewn siwt newydd a'i wallt at ei ysgwyddau, mwstásh trwchus, a sigarét yn ei law. Dwi yn y llun hefyd, mewn siwt siec frown golau oedd â *flares* anferth, esgidiau platfform plastig a 'ngwallt mewn steil *pageboy*. Mae golwg digon anghyfforddus arna i, a'r Fenai'n las tu ôl i mi – dwi'n cofio cymaint roeddwn yn casáu'r siwt a'r esgidiau poenus, a fedrwn i ddim disgwyl i gael eu tynnu ar ôl cyrraedd adref.

'Glyn.' Torrodd llais Mam ar draws fy synfyfyrio. 'Dos i wneud panad i Glenda a Dewi, a ty'd â theisan sbwnj Menna drwadd hefyd. Dewi, symuda'r bwrdd bach yn nes at Glenda. Peidiwch chi â symud, Glenda, mi wneith yr hogia 'ma bob dim.'

Ymhen ychydig roedd popeth yn barod. Chymerodd Dewi ddim teisen – fyddai o byth yn bwyta teisennau cartref, dim ond rhai o'r siop, ac roedd hynny wedi gwylltio Mam erioed. Eisteddais gyferbyn â Glenda ar stôl fechan wrth ymyl y teledu

– doedd hi ddim wedi tynnu ei chôt, a mynnodd nad oedd angen mwy o wres yn y tân nwy er i Mam fynnu 'mod i'n ei droi i fyny. Teimlwn weithiau fod Mam yn ffysian gormod o gwmpas Glenda gan ei gwneud yn anghyfforddus. Roedd yn ddigon hawdd gweld nad oedd fy chwaer yng nghyfraith am i ni ei thrin yn wahanol oherwydd cyflwr ei hiechyd.

Gwisgai Glenda gôt ddu at ei phengliniau yn y misoedd olaf, côt oedd yn llyncu golau. Roedd edrych arni fel edrych i mewn i bydew diwaelod, a phob tro y gwelwn i hi roedd fel petai'r gôt yn mynd yn fwy ac yn fwy, a Glenda druan yn suddo i mewn iddi.

Bwytaodd pawb ei deisen yn ddistaw, heblaw fy mrawd, oedd yn tynnu coes ei wraig dragywydd.

'Dos allan, Dewi, os wyt ti isio sigarét,' meddai Glenda, yn nabod ei gŵr yn iawn ar ôl yr holl flynyddoedd. 'Dydi dy fam ddim eisio mwg yn y fflat.'

'Ia wir, dos allan i'r cefn neu mi fydda i'n tagu fel ci,' ategodd Mam, a chododd Dewi ar ei draed. Dilynais innau.

Dewi oedd yr hynaf o 'mrodyr ac yn gymeriad lliwgar, llawn hwyl a hoffus iawn. Pan oeddwn yn fychan roedd o'n un da am chwarae efo fi, ffug-gwffio gan adael i mi ei guro bob tro, a 'ngoglais nes y byddwn bron â byrstio wrth chwerthin cymaint. Ond erbyn hyn, er ei fod yn cuddio y tu ôl i'r hwyl a'r cellwair, hawdd oedd gweld ei boen a chlywed y tristwch yn torri drwy ei lais.

'Ma' hi'n wael, 'sti,' meddai o'r diwedd. 'Sgin ti'm syniad. Neith hi ddim dangos i neb arall, ond dwi'n gweld. Dwi'n ei chario i fyny i'r gwely. Ei molchi hi. Rhoi dillad amdani a'u tynnu nhw. Ma' hi mor wan, ond ma' hi 'di mynnu cael dŵad yma heddiw. Ond wedyn ma' hi'n uffernol o gryf. Cryfach na fi. Dwn i'm be ddaw ohona i wedyn. Mae hi bron â chyrraedd y diwedd rŵan, 'sti.' Trodd Dewi ei ben oddi wrtha i er mwyn sugno un waith eto ar stwmp sigarét, cyn ei thaflu i'r ardd. 'Y sigaréts 'ma sy'n 'y nghadw fi i fynd. Waeth i mi smocio ddim! Ty'd, well i ni fynd yn ôl i mewn.'

Roedd Glenda wedi syrthio i gysgu ar y soffa, a Mam yn syllu i fflamau'r tân. Casglodd Dewi a finnau'r llestri'n ddistaw a'u cario i'r cefn. Golchais i a sychodd fy mrawd nhw, ac ar ôl i Dewi fynd yn ei ôl i eistedd wrth ymyl ei wraig cadwais i bopeth yn eu llefydd priodol yn y cwpwrdd a thacluso ar f'ôl. Pan es i drwodd i dawelwch y stafell ffrynt edrychais innau i'r fflamau, a dihangodd fy meddwl i'r gorffennol. Roeddwn wedi cwblhau cwrs gradd mewn coleg celf ond penderfynais beidio mynd i'r seremoni raddio gan fod yn rhaid llogi cap an' gown a thalu deg punt ar hugain am yr anrhydedd. Doedd gen i ddim ceiniog i f'enw a gwyddwn nad oedd gan Mam a Nhad lawer wrth gefn, felly wnes i ddim sôn am y peth wrth neb. Rai wythnosau'n ddiweddarach, a finnau wedi dychwelyd adref, daeth Glenda a Dewi draw un dydd Sul fel arfer. Tynnodd Glenda barsel brown o'i bag. 'I chdi ma' hwn,' meddai. 'Ro'n i isio i chdi ga'l rwbath i gofio dy fod di wedi gwneud yn dda.' Agorais y papur brown ac ynddo roedd tarian bren fechan ac arni blac arian mewn siâp palet peintio, a'r geiriau 'Llongyfarchiadau ar gwblhau'n llwyddiannus gwrs gradd mewn celf a dylunio' wedi ei ysgythru i mewn i'r metel. Doedd fy ngeiriau o ddiolch i Glenda am feddwl amdanaf ddim yn ddigonol yn fy marn i, ond gwenu wnaeth hi. 'Rwbath bach i gofio. Dyna'r cwbwl,' meddai.

Glawio

Roedd 2001 yn flwyddyn hapus i Róisín a minnau. Ar ddiwrnod ein priodas cerddais o'r gwesty yn Campo del Fiori drwy'r piazzas a'r strydoedd cul, i fyny'r Grisiau Sbaenaidd ac ymlaen i Eglwys Sant Padrig. Cychwynnais mewn da bryd i gerdded y ddwy filltir rhag ofn i mi fynd ar goll. Gan fy mod yn gynnar, eisteddais yn y parc gyferbyn â'r eglwys gan deimlo'r haul yn poethi er gwaetha'r awel ysgafn, ac wrth wylio'r holl bobl yn tyrru drwy'r dref hanesyddol teimlwn yn dawel a bodlon. Dewisais beidio â dilyn awgrym Mam a gwisgo siwt, ond roeddwn yn weddol smart mewn siaced lwyd a thinc o arian ynddi, trowsus du a chrys glas tywyll. O'r fainc yn y parc gwelais dacsi du yn parcio o flaen yr eglwys, a daeth fy nyweddi allan ohono yn gwisgo ffrog hufen syml, a'r blodau yn ei gwallt yn cyd-fynd â'r tusw yn ei dwylo. Yn gwmni iddi roedd ei dwy ffrind gorau, yn gwneud yn siŵr fod popeth yn ei le. Croesais y stryd tuag ati gan adael fy mywyd sengl ar y fainc yn y parc am byth.

Aethom i gerdded mynyddoedd gogledd yr Eidal ar ein mis mêl cyn mynd yn ôl i fywyd a gwaith yn Iwerddon. Roedd Róisín a finnau bellach yn rhannu tŷ efo ffrind nid nepell o Dún

Laoghaire, ac am wyth o'r gloch bob bore byddai'r ddau ohonon ni'n beicio i'r gwaith – roedd Róisín bellach yn olygydd i gwmni cyhoeddi Americanaidd yn Nulyn a finnau'n gweithio bum munud i ffwrdd o'i swyddfa. Pleser oedd cael cyfarfod am ginio yn y dref bob dydd am un o'r gloch. Bob nos byddem yn beicio adref efo'n gilydd, a doedden ni byth ar wahân heblaw pan fyddwn yn croesi'r môr i weld Mam.

* * *

Cyrhaeddais ar y llong gynnar o Iwerddon wyth mis ar ôl y briodas, a phrin y cefais gyfle i gau'r drws ar f'ôl cyn i Mam ddechrau cwyno pa mor sâl oedd hi. Ro'n i'n gweld o ymweliad i ymweliad ei bod yn araf ddirywio – roedd yn blino mwy a'i choes boenus yn ei hatal rhag mynd lawr i'r dref ar ei phen ei hun. Roedd y broses o golli annibyniaeth yn un greulon, a phob chwe wythnos sylwn ar y pethau bach: ei gwynt yn gaeth yn amlach a'r bendro yn ei gorfodi i eistedd yn rheolaidd. Ond yn bennaf roedd ei chaethiwed yn y fflat yn destun poen iddi – byddai'r cwyno a'r digalondid yn drychinebus bob tro y byddwn yn cyrraedd y fflat, ond ar ôl iddi gael chwydu ei phryderon a'i gofidion gwyddwn y byddai yn araf deimlo'n ysgafnach, a'r boen yn lleddfu wrth iddi 'ddod ati ei hun'.

'Dos i nôl dŵr i'r cefn i mi. Mae 'ngheg i'n sych fel hen sach datws.'

'Ydach chi isio brechdan neu rwbath efo fo?'

'Na, dim ond diod. Mae gen i ddŵr poeth a phoen yn fy mol.'

Wrth agor y tap dŵr oer edrychais allan dros yr ardd ar y glaw yn curo mewn cylchoedd ar do fflat cwt y tŷ drws nesaf. Doedd Mam ddim wedi bwyta ei brecwast – roedd y tost wedi ei luchio i mewn i'r sinc a hanner ei phaned yn dal yn y gwpan.

'Dyma chi. Dŵr oer.'

'O, ma' rwbath mawr yn matar arna i, 'sti. Sbia crynu mae 'nwylo i.'

Gafaelais yn ei llaw. Roedd yn oer ac ychydig bach yn grynedig, y gwythiennau piws yn agos i wyneb y croen a'i modrwy briodas yn llac. Cofiwn chwarae efo'r fodrwy ers talwm a'i throi o amgylch ei bys, ond bellach roedd dwylo Mam wedi mynd mor denau nes bod peryg i'r fodrwy aur tywyll ddisgyn oddi ar ei bys. Dywedodd Mam lawer gwaith ei fod yn aur da, aur o gyfnod yr Ail Ryfel Byd.

'Sbia tenau a hyll ydi 'nwylo i rŵan.'

'Henaint yntê, Mam. Fel'na ma' petha. Mi fyddwch yn wyth deg cyn bo hir.'

'O, paid â f'atgoffa i, wir! Ers talwm roedd gen i ddwylo neis iawn, fel ffilm star medda rhai. Ac ro'n i'n gwisgo menig neis... tydi pobol heddiw ddim yn gwybod be ydi steil. Rwtsh-ratsh ydi pawb heddiw.'

'Oedd 'na lawer o steil o gwmpas fama?'

'Duwcs, nagoedd! Ond roedd pobol yn trio'u gorau. Mae pawb yn edrych fel tramps heddiw. Dwi'n sbio drwy'r ffenast 'ma a gweld rhai yn cerddad o gwmpas efo'u bolia' mawr yn sticio allan a'u penolau tew yn hongian tu ôl iddyn nhw dros ben ryw drac-siwt.'

'Ydach chi'n well rŵan? Isio mwy o ddŵr?'

'Dwi'n well efo chdi yma. Dwi ddim wedi arfer bod fy hun. Mae fy nerfau wedi mynd fel weiars pigog yn eistedd yn yr hen gadair 'ma bob dydd yn gwylio'r cloc. Sut mae Róisín arni?'

'Ma' hi'n iawn. Ella deith hi efo fi tro nesa. Fedar hi ddim dŵad bob tro am 'i bod hi'n gorfod bod yn y gwaith am naw bob bora Llun. Ma' petha'n haws i mi, achos bod y cwmni'n fwy hyblyg. Roedd hi'n gofyn amdanoch chi.'

'Dwi'm yn disgwyl iddi ddŵad bob tro, siŵr. Ma'n neis i ninna gael amser efo'n gilydd fel 'dan ni wedi arfer. Ydi'r hen beth Foot and Mouth 'ma'n ddrwg yn Iwerddon? Dwi'n 'u gweld nhw ar y teli 'ma'n llosgi cannoedd o warthed. Ofnadwy! Chei di ddim mynd yn agos i ffermydd rŵan, ac mae'r llwybrau wedi cau.'

'Yndi. Wrth fynd ar y llong ma' raid i ni gerdded ar fatiau llawn disinffectant i wneud yn siŵr nad ydan ni'n ei gario fo drosodd.'

'Ew, ma' petha'n ddrwg ar y ffarmwrs. Rhai yn 'u dagrau... wedi colli bob dim.'

Gallwn weld fod Mam yn poeni, ond wyddwn i ddim faint o hynny oedd oherwydd bod cerddwyr wedi eu gwahardd o gymaint o lefydd, ac na allwn i fynd â hi i'r wlad am dro. Ers iddi fethu â cherdded i lawr i'r siopau roedd Mam yn gorfod dibynnu ar garedigrwydd fy mrodyr a phobl leol i gario bwyd iddi a mynd â hi at y doctor. Doedd dim gobaith i'r ben-glin erbyn hyn gan ei bod wedi gwisgo at yr asgwrn, ac roedd cyflwr ei brest yn achos pryder iddi. Pan fyddai hi'n cael pwl o benysgafndod, ceisiwn ei thawelu.

'Cymerwch eich gwynt yn ara deg bach. Ydach chi wedi llewygu erioed, Mam?'

'Do. Pan o'n i'n hogan fach.'

'Wel, roedd hynny bron i wyth deg mlynedd yn ôl!'

'Ro'n i'n ffeintio lot 'radag honno, ac mi fydda Mam yn rhwbio asiffeta ar waelod fy nhraed i, i ddod â fi allan ohono fo. Ofn mynd fy hun yma ydw i, heb i neb wybod.'

'Poeni'n wirion am ddim byd ydi peth fel hyn, a gwneud petha'n waeth.'

'Gei di weld, fydda i wedi mynd un diwrnod. Mi fydda i ar fy ochr ar y llawr 'ma yn methu symud. Gei di weld wedyn. Ei di i nôl panad i mi, a brechdan, ac asiffeta?'

Cerddais drwodd i'r gegin fechan a chwilio drwy'r holl boteli ffisig yng nghefn y cwpwrdd nes dod o hyd i'r botel frown. Roedd asiffeta yn beth hen ffasiwn iawn, wedi cael ei ddefnyddio ers cenedlaethau at bob math o anhwylderau ar y stumog. Roedd ei flas a'i arogl yn debyg iawn i gig wedi pydru neu hen nionyn drwg. Arhosai blas y stwff yn y geg am oriau.

Cariais lwyaid i Mam, a gwydryn bychan o lefrith iddi ei yfed ar ei ôl.

'Ti isio peth hefyd? Stwff da. Ma' gen i ffydd yn hwn.'

'Na dim diolch. Wna i banad i ni.'

Llowciodd Mam frechdan a phaned o de er mwyn cael gwared ar flas yr asiffeta.

'Mae 'na gi ar y wal yn fan'cw. Pwy bia fo?'

'O, ci Sara wirion 'di hwnna. Ma'r ddau mor wirion â'i gilydd, a'r ci yn rhedag ar ôl ceir ac ati. Mi fydd rwbath yn siŵr o'i ladd o ryw ddiwrnod.'

'Ro'n i'n meddwl eich bod chi'n ffrindia efo Sara?'

'Oriog ydi hi. Es i yno un diwrnod er bod fy nghoes yn brifo a finna'n pesychu. Agorodd y drws a golwg rêl cythraul arni, yn deud 'i bod hi wedi laru arna i'n cwyno bob munud ac y bysa'n well i mi stopio galw. Mi gaeodd y drws yn glep yn fy wyneb i! Wel, ro'n i wedi fy mrifo.'

'Oeddach chi wedi bod yno'n cwyno wrthi?'

'Duw, ma' pawb yn cwyno weithia. Roedd *hi*'n cwyno mwy na fi. Asu, mae 'na bobol ryfadd yn yr hen fyd 'ma. 'Sat ti'n meddwl y basa hi'n licio dipyn o gwmni yn y pnawn i basio'r amser.'

'Ella 'i bod hi'n darllen i basio'r amser?'

'Tydi hi ddim yn gwbod be 'di llyfr, siŵr. Ista yn fanna ar 'i phen 'i hun ma' hi, yn siarad lol efo ryw blydi bwji. Well ganddi hi'r deryn gwirion na fi, ma' raid!'

Gwelwn ddeigryn yng nghongl ei llygad, yn dyst i'r ffaith fod geiriau Sara wedi gadael craith.

'Ella gwneith hi stopio bwrw yn y munud. Ydach chi am ddod allan am wynt?'

'Dwn i ddim am ddim byd. Waeth i mi hynny mwy nag ista yn fama bob dydd fel iâr mewn cwt. Ma' bwji Sara'n cael mwy o sgwrs na fi.'

Hedfan

Ma' hi wedi bod yn fis prysur efo'r pen blwydd 'ma. Wel, roedd y parti yn un da, ac mi wnes i fwynhau er 'mod i wedi blino'n ddiawchedig y diwrnod wedyn. Un gwael dwi am sefyll i fyny a gwneud *speech* mewn lle fel'na. Lwc i Geraint sgwennu pob dim o'n i isio'i ddeud ar ddarn o bapur neu 'swn i wedi anghofio'r cwbwl. Da oedd gweld y teulu i gyd efo'i gilydd – mae 'na gymaint o rai ifanc rŵan nes 'i bod hi'n anodd cofio pwy di pwy. Braf oedd gweld pawb yn chwerthin a sgwrsio, a'r plant i gyd yn chwara o gwmpas y lle. Biti na fasa bywyd fel'na'n amlach. Mi fu'n rhaid i mi drio 'ngorau i beidio crio wrth weld fy hen ffrindia, ac mi oedd yn braf gweld Glenda'n mwynhau orau medra hi a Dewi'n ei phryfocio fel bydd o. Ma' hi'n wan iawn wedi mynd, ond wneith hi ddim yngan gair o gŵyn.

Pan ddeudodd Glyn 'i fod o wedi prynu trip mewn eroplên i mi ar fy mhen blwydd yn bedwar ugain ro'n i'n meddwl 'i fod o wedi hurtio, ond dwi'n benderfynol o ga'l mynd i fyny i'r awyr heddiw hyd yn oed os wneith o fy lladd i.

* * *

Allai'r diwrnod ddim bod yn un brafiach; roedd yr haul yn fawr yn yr awyr lasaf erioed, heb gwmwl o un gorwel i'r llall. Roedd popeth wedi ei drefnu ers wythnos, pan edrychais ar ragolygon y tywydd, ac am unwaith, roedd y rheiny wedi bod yn gywir. Ar ôl codi a helpu Mam i wneud ei hun yn barod, aeth y ddau ohonom i lawr yn ofalus at y car. Roedd ysgafnder anarferol yn ei cherddediad.

'Wel, mi wyt ti wedi dewis diwrnod braf. Sut oeddat ti'n gwbod?'

'Lwc, 'te. Mi gewch chi weld am filltiroedd heddiw. Sut mae'r pen-glin?'

'Dwi wedi cymryd Paradesimals rhag ofn, ond tydi hi ddim mor ddrwg ar y tywydd braf 'ma.'

Paradesimals oedd Mam wedi galw'r tabledi lladd poen ers i Dewi gamynganu'r enw flynyddoedd ynghynt.

Cadwais ddyddiad y trip awyren yn gyfrinach nes yr oeddwn yn siŵr o'r tywydd braf, a ffoniais Mam dridiau ynghynt i roi rhybudd iddi. Ro'n i wedi dechrau amau 'mod i wedi gwneud peth gwirion yn bwcio'r trip, ond pan wnes i grybwyll y peth roedd hi wrth ei bodd.

'Waeth i mi farw yn yr awyr fwy na marw yn y twll yma,' meddai. 'O leia mi fydda i'n agosach i'r Nefoedd! Mi fydda i wedi ecseitio'n lân... well i mi wneud yn siŵr 'mod i'n mynd i'r lle chwech cyn fflio – dwi ddim isio ca'l trafferthion fel'na mewn eroplên, myn diân i!'

Trefnodd fy mrodyr barti pen blwydd i Mam mewn gwesty bychan fis ynghynt a bu'r noson yn llwyddiant. Roedd y lle yn llawn o deulu a hen ffrindiau Mam, yn bwyta a sgwrsio nes bod Mam wedi blino am ddyddiau wedyn. Anaml y byddai'r teulu i gyd yn cyfarfod bellach, yn wahanol i gyfnod fy mhlentyndod pan fyddai pobl yn galw'n gyson am sgwrs a the mawr yn cael ei wneud i'r teulu ar y Sul. Parti Mam oedd yr achlysur olaf i bawb ddod at ei gilydd dan yr unto, ac eithrio ambell angladd.

Wrth yrru i mewn i faes parcio maes awyr Dinas Dinlle gobeithiwn y byddai popeth yn mynd yn rhwydd, ac na fyddai Mam yn newid ei meddwl ar y munud olaf. Dechreuais gwestiynu doethineb gyrru dynes oedrannus a nerfus i fyny mewn awyren mor fechan. Rhwng ei thagu, ei phendro, ei phen-glin poenus a'i thueddiad i gwyno am bopeth, a oedd hedfan dros yr Wyddfa yn beth call? Byddai pawb yn gweld bai arna i petai rhywbeth yn digwydd i Mam. Ond wrth i mi edrych ar ei hwyneb cyffrous teimlwn yn fwy hyderus yn fy mhenderfyniad, ac fel y dywedodd Mam, byddai'n ddiwrnod i'w gofio beth bynnag ddigwyddai.

Er gwaetha'r tywydd braf roedd hi'n dawel yn y maes awyr, gyda dim ond tair awyren fechan ar y concrit wrth ymyl yr hangars.

Gadewais Mam yn y car tra es i i'r dderbynfa i nôl y tocynnau. Yn ôl y dyn y tu ôl i'r ddesg byddai'r awyren yn barod mewn ugain munud, felly es i nôl Mam o'r car a mynd â hi i aros yn y caffi. Roedd ei hatgofion yn llifo.

'Yn fama oedd êrodrôm y 'Mericians adeg y Rhyfel, 'sti. Ro'n i'n dŵad i Ddinas Dinlle 'ma'n reit aml pan o'n i'n ifanc, at ffrind i mi oedd yn byw yn un o'r tai yn fan'cw. Ti'n siŵr y bydda i'n iawn yn yr awyr? Dwi ofn colli fy ngwynt a chael pendro.'

'Byddwch siŵr. Dim ond ista yn eich unfan sydd isio i chi neud.'

Drwy'r ffenestri mawr gwelwn awyren fechan yn rowlio'n araf at ochr y ffens uchel ac yn dod i stop. Daeth y peilot allan ohoni, yn gwisgo crys gwyn a throwsus du, a'n tywys tuag at yr awyren. Roedd yr haul yn boeth ar ein cefnau wrth i ni gerdded ar hyd y tar-mac, a finnau'n fwy nerfus na Mam erbyn hynny.

'It's my mother's first time flying, you know,' dywedais wrth y peilot.

'Is it really? It's such a gorgeous day for it, you'll love it.'

'Do you think I'll be OK in the plane? I'm very old, you know. I'm eighty now.'

'You'll be perfectly fine. Just take your time getting into the cockpit.'

Roedd sialens fwya'r diwrnod o'n blaenau, a hynny cyn i'r peilot danio injan yr awyren. Wnes i ddim meddwl sut y byddai Mam yn dringo i mewn iddi, ac yn anffodus doedd 'na ddim gris i gamu i fyny i'r cocpit. Methodd yn glir â chodi ei choes i gyrraedd y drws a doedd ganddi ddim digon o nerth yn ei breichiau i dynnu ei hun i fyny, ond serch hynny roedd golwg benderfynol ar ei hwyneb. Efallai fod hyn yn arwydd y dylen ni roi'r gorau i'r syniad, meddyliais, ond doedd dim newid ar feddwl Mam.

'Yli, dos i nôl y peilot a gwthiwch fi i mewn. Ma' raid i mi gael mynd, a finna wedi dod mor bell!'

Galwais ar y peilot ac egluro'r broblem iddo, ac er iddo fynd i chwilio am ryw fath o stepen yr unig beth allai o ei ganfod oedd pwced blastig felen. Byddai'n rhaid i honno wneud y tro.

Gafaelais yn Mam o'r cefn gan roi fy mreichiau o gwmpas ei chorff, a gwnaeth y peilot yn siŵr na fyddai'r bwced yn symud. Codais Mam ar ben y bwced nes y gallai godi ei choes yn araf i ddrws agored yr awyren. Gyda gwthiad go sydyn llwyddais i'w chodi a'i sodro ar y sedd ledr. Gafaelodd y peilot yn ei choes arall a'i symud yn ofalus i mewn heibio'r drws.

'O... diolch byth am hynna! Y blydi pen-glin 'ma! Lle ti'n mynd rŵan, Glyn?'

'I'r sêt gefn. Rydach chi yn y tu blaen hefo'r peilot.'

'O mam bach! Be taswn i ofn yn y tu blaen 'ma?'

Eisteddodd y peilot a chau'r drws cyn i Mam gael cyfle i brotestio mwy.

'Are we ready?' Nodiodd Mam ei phen yn araf. 'You'll have to wear these headphones, so I can speak to you through them when the engine's running.'

'Why do you want to do that?'

'It's so I can tell you about where we're flying over, and so on. I'm going to give you a tour.'

Cymerodd Mam y clustffonau mawr a'u hagor led y pen cyn eu cau yn ofalus am ei chlustiau. Dechreuodd yr injan droi'r propelar a llenwodd y caban bychan â thwrw. Er gwaetha'r clustffonau roedd sŵn yr injan yn fyddarol. Trodd Mam ei phen ataf a rhoi gwên fach ofnus.

'Can you both hear me?' Nodiodd Mam ei phen yn araf unwaith eto gan edrych drwy'r ffenest flaen. 'I'll be talking as we fly but you can't talk back as you have no microphones. The flight will be forty minutes long, or thereabouts, so sit back and enjoy. It's a perfect day for flying. I'll take you above Snowdon then back via Caernarfon to view the castle. I hear you're from Caernarfon.'

Ceisiodd Mam yn ofer i siarad efo'r peilot, ond roedd o'n brysur yn gyrru tuag at y llain lanio. O gefn yr awyren edrychai Mam yn fychan bach yn y sedd ffrynt, ac yn ddigon doniol yn y clustffonau trwm oedd lawer yn rhy fawr i'w phen bychan.

Cododd yr awyren yn esmwyth i'r awyr a hedfan allan dros y môr. Gwelwn nifer o bobl yn ymdrochi yn y dŵr ar hyd y traeth hir, a mynyddoedd Llŷn yn fraich werdd yn ymestyn tuag Iwerddon. Cyffyrddais yn ysgwydd Mam yn ysgafn i wneud yn siŵr ei bod hi'n iawn, a gwelais fod gwên ar ei hwyneb. Dechreuodd y peilot ar ei ddisgrifiad o'r ardal, ond ar ôl tipyn sylwais nad oeddwn yn gwrando arno gan fy mod i'n gwybod yn union ble roeddan ni. Dringodd yr awyren fechan yn uchel uwchben Mynydd Mawr gyda'r garnedd ar y copa i'w gweld yn glir fel cusan gron o gerrig. I'r dde, roedd Drws-y-Coed yn bell oddi tanom, a'i waliau cerrig fel nadroedd yn llusgo i fyny ac i lawr tuag at Gwm Silyn a Chrib Nantlle. Dal i godi wnaeth yr awyren nes i ni gyrraedd pedair mil o droedfeddi, uwchben copa'r Wyddfa. Wrth edrych drwy'r ffenest sylwais pa mor denau oedd mur yr awyren – doedd prin ddim alwminiwm rhyngdda i a'r dyfnder brawychus islaw. Er i mi gael pwl o banig ynglŷn â bod mewn darn o fetel ysgafn mor uchel yn yr awyr, sylweddolais yn ddigon buan nad oedd dim y medrwn ei wneud am y peth, dim ond derbyn beth bynnag a ddigwyddai. Roedd Mam, ar y llaw arall, i weld yn ddigon hapus, yn uchel dros ei mamwlad. Rhyfeddais pa mor dawel a bodlon oedd hi mewn sefyllfa mor ddieithr ac anarferol, fel petai'n rhydd o'r diwedd; yn rhydd o'r meddyliau a'r arferion oedd yn boen iddi bob dydd ar y ddaear.

Disgynnodd yr awyren yn sydyn a throi ei thrwyn am Gaernarfon a'r Fenai. Daliai'r peilot i siarad gan bwyntio at hyn a'r llall, ond gallwn ddweud nad oedd Mam yn gwrando mwy na finnau wrth iddi syllu i lawr ar yr hen dref a'i chastell a'i hatgofion. Doedd siâp Caernarfon ddim wedi newid llawer ers i Mam fod yno'n ferch ifanc, yn gweithio yn y siop esgidiau ar y Maes. Gallwn ei gweld yn ei dillad smart yn cerdded fraich ym mraich gydag un o'i chariadon, peilot yn yr RAF, efallai, i lawr Cei Llechi a dros bont Seiont. Syllodd Mam am hir ar dref ei mebyd wrth hedfan drosti.

Llifai'r Fenai yn hardd oddi tanom, ac ymestynnai twyni tywod Niwbwrch tuag at greigiau Ynys Llanddwyn. Yn rhy fuan o lawer gwelais y llain lanio'n gwibio tuag atom wrth i ni groesi'n uchel uwchben mwd y Foryd. Ar ôl glanio'n ddidrafferth a gyrru'n ôl yn araf at adeiladau'r maes awyr, stopiodd yr injan gan ein gadael mewn distawrwydd hiraethus.

Roedd yn haws cael Mam allan o'r awyren na'i chael i mewn iddi.

'Wel, wnaethoch chi fwynhau?'

'O, do! Heblaw am y blwmin hedffôns gwirion 'na. Petha trwm oeddan nhw.'

'Oedd arnoch chi ofn?'

'Na, dim. Roedd o fel mynd am dro mewn car, ond yn yr awyr.'

'Wnaethoch chi ddim pesychu o gwbl, naddo?'

'Na, dim. Rhyfadd, 'te? Ro'n i'n teimlo'n reit dda, wir. Yli, mi wna i sefyll yn fama a gei di dynnu fy llun i o flaen yr eroplên. Fydd gen i brawf wedyn 'mod i wedi bod i fyny ynddi hi, rhag ofn i mi feddwl mai breuddwyd oedd y cwbwl.'

Safodd Mam efo'i ffon o flaen drws agored yr awyren a thynnais y ffotograff. Wrth i mi edrych drwy lygad y camera gwelais Mam mewn goleuni newydd. Roedd hi'n gryfach na 'run ohonon ni pan oedd hi isio bod.

'Be wnaethoch chi lecio'i weld ora?'

'Yr hen dre, siŵr Dduw. Rhyfadd gweld y castell o'r awyr a hwnnw mor fychan, yn bell i lawr. Ro'n i'n teimlo'n reit drist pan welis i bob man mor fach. Ges i gymaint o hwyl yng Nghaernarfon... biti ein bod ni'n gorfod mynd yn hen ac yn hyll.' Oedodd am ennyd i feddwl. 'Biti hefyd na fasa'r peilot 'na wedi stopio siarad weithia. Ro'n i'n gwbod yn iawn lle o'n i, siŵr Dduw!'

Antur Newydd

Roedd bywyd wedi mynd yn anodd iawn. Byddwn yn dod adref bob nos a syrthio i gysgu gan feddwl am sgriniau cyfrifiaduron; ro'n i'n poeni am waith, am y prosiect nesaf a'r prosiectau diddiwedd ar ôl hynny. Methu cysgu. Deffro, gweithio, yfed, bwyta, cysgu, deffro, gweithio. Nid oeddwn am gyfaddef i mi fy hun nac i unrhyw un arall faint o straen oedd arnaf. Roedd y dirywiad yn fy nhymer yn hollol amlwg i Róisín, a chrefodd arnaf i roi'r gorau i fy swydd er lles fy iechyd. Ar ôl cyfnod o bythefnos hynod o galed, allwn i ddim cario 'mlaen. Prin y medrwn sefyll. Gadewais y swyddfa heb ddweud dim un pnawn Gwener a tharo llythyr ar ddesg y partneriaid gydag eglurhad ac ymddiheuriad. Er iddynt grefu arnaf dros y ffôn i ailfeddwl, gan addo y byddai pethau'n newid a hyd yn oed cynnig codiad cyflog swmpus i mi, fedrwn i ddim meddwl am droi'n ôl.

Ar ôl blynyddoedd o fynd i'r gwaith am wyth a dod adref am wyth, yn aml iawn, agorodd gwagle o fy mlaen. Gwagle distaw ble'r oedd yr awyr yn las, gan amlaf, ond weithiau byddai cymylau tywyll yn bygwth ar y gorwel. Bryd hynny byddwn yn gorwedd yn y gwely, yn methu codi yn y bore, heb ddigon o nerth i wrando ar y radio hyd yn oed. Gwyddwn yn iawn beth oedd yn digwydd i mi – ro'n i wedi clywed sawl dylunydd ac argraffydd yn son am *burnout*, pan fyddai'r corff a'r meddwl yn cael digon ar yr holl bwysau, fel cannwyll wedi llosgi i lawr i'r gwaelod a'r cwyr yn rhedeg dros bopeth. Anodd oedd wynebu byw yn y ddinas heb waith a phwrpas, a gweld prysurdeb y dref yn llifo o fy nghwmpas a finnau fel ynys yng nghanol y llif. Cefais deimlad tebyg flynyddoedd ynghynt pan symudais i Iwerddon am y tro cyntaf a finnau'n ddi-waith. Bryd hynny, treuliais fy nyddiau'n eistedd ar feinciau yng nghanol O'Connell Street yn gwylio'r traffig yn gwau'n ddiddiwedd i lawr ochrau afon Liffey a cherdded o gwmpas y siopau yn edrych ar y prynu a'r gwerthu, a finnau heb geiniog i'w gwario. Bod yn unig mewn tref ddieithr, lawn pobl, oedd y sialens yr adeg honno; y tro hwn, roedd pethau'n llawer mwy cymhleth. Roedd y syniad o ailddechrau yn fy nychryn, a theimlwn 'mod i'n sefyll yn llonydd a'r tywydd yn cau i mewn arna i. Treuliais bron i flwyddyn yn araf ymladd y diflastod... heb fy ngwraig, fy Ngwyddeles benderfynol, hardd, byddai'r cymylau wedi bod yn barhaol, y niwl yn ddi-baid.

* * *

Roeddwn wedi bod adref am benwythnos sydyn i weld Mam ac i gyfarfod dau hen ffrind yn ardal Groeslon. Wrth sgwrsio efo nhw am fy ngham nesaf deallais fod cwmni yng Nghaernarfon yn edrych am ddylunydd oedd yn rhugl yn y Gymraeg. Roeddent yn adnabod perchennog y cwmni, felly cymerais fanylion y cwmni ganddynt er nad oeddwn yn siŵr beth i'w wneud. A oedd y swydd yn addas ar fy nghyfer i? Swydd i ddylunydd yng Nghaernarfon, o bob man, tref enedigol Mam. A oeddwn i'n barod i adael Iwerddon ac ystyried byw ar wahân i fy ngwraig? Sut ar y ddaear fyddai hynny'n gweithio? Soniais i ddim gair wrth Mam y penwythnos hwnnw – doeddwn ddim am gymhlethu pethau.

Ar y llong yn ôl i Ddulyn y nos Sul honno ceisiais anghofio am y swydd a'i phosibiliadau, ond erbyn i mi gyrraedd adref roeddwn yn ysu am drafod y peth efo Róisín. Dywedodd hi wrtha i am bwyllo a chymryd amser i feddwl – gallwn weld ei bod wedi cael sioc fy mod yn ystyried symud o Ddulyn i gymryd swydd nad oeddwn yn gwybod dim amdani, a ninnau ond wedi bod yn briod am dair blynedd.

Fore trannoeth aeth Róisín ar y beic i'w gwaith fel arfer, ac arhosais innau yn y gwely i feddwl. Yn y diwedd, penderfynais daro CV at ei gilydd, a disg yn cynnwys esiamplau o fy ngwaith. Hefyd, ysgrifennais lythyr yn egluro fy sefyllfa yn Nulyn ac na fyddai'n bosib i mi ddod yn ôl i Gymru yn syth petawn yn cael cynnig y swydd. Darllenais y llythyr drosodd a throsodd gan fethu credu 'mod i'n ystyried o ddifri symud yn ôl. Treuliodd Róisín a finnau weddill yr wythnos yn trafod y ffordd ymlaen, a dechreuodd y dyfodol ddod i'r golwg drwy'r niwl. Yn digwydd bod, roedd cwmni fy ngwraig wedi bod yn sôn am israddio'r swyddfa yng nghanol y ddinas er mwyn dod â chostau i lawr, a'r cynllun oedd y byddai rhai o'r staff yn gweithio o'u cartrefi. Byddai'r newid yn cael ei weithredu ymhen y flwyddyn. Siaradodd Róisín gyda'i phennaeth, a darganfod nad oedd gwahaniaeth ym mha wlad y byddai hi'n byw a gweithio, ond byddai'n rhaid iddi ddod i'r swyddfa unwaith y mis.

Roedd y sefyllfa'n symud yn ei blaen heb i mi wneud dim, rywsut. Anfonais y llythyr i Gaernarfon, ac ar ôl cyfweliad eitha anffurfiol cefais gynnig y swydd. Deuthum i ddeall fod fy ffrindiau wedi rhoi geirda i mi, chwarae teg iddyn nhw. Roedd perchennog y cwmni'n fodlon rhoi amser i mi i drefnu pethau yn Nulyn, felly derbyniais y swydd, a cheisio dygymod â'r ffaith y byddai Róisín a finnau ar wahân am flwyddyn gyfan, heblaw am y penwythnosau. Dechreuais deimlo'n euog – oeddwn i wedi bod yn rhy hunanol? Pa hawl oedd gen i i ddisgwyl i Róisín godi pac a gadael Dulyn? Sut oeddwn am fyw hebddi drwy'r wythnos yng Nghymru?

Roedd tri mis cyn i mi ddechrau yng Nghaernarfon. Penderfynodd Róisín a finnau brynu tŷ yn ardal Dyffryn Nantlle gan fod y ddau ohonom yn hoff iawn o'r ardal, ac aethom drosodd am ambell benwythnos i chwilota ac aros gyda Mam. Roedd Mam, wrth gwrs, wedi bod yn ffactor yn fy mhenderfyniad i fudo'n ôl i Gymru, a hithau'n mynd i oed a'i hiechyd yn araf ddirywio. O fewn mis a hanner cawsom hanes tŷ teras bach eitha rhad mewn cyflwr go dda gyda golygfeydd bendigedig. Drwy lwc, roedd y perchnogion angen ei werthu'n sydyn. Roedd popeth yn disgyn i'w le, a dechreuodd y ddau ohonom groesi Môr Iwerddon yn rheolaidd, Róisín un penwythnos a finnau'r nesaf. Er yr holl ansicrwydd sylweddolodd y ddau ohonom nad oedd yn rhaid ffarwelio ag Iwerddon yn gyfan gwbl – addawodd y ffrind roedden ni'n byw efo hi y byddai'n cadw ystafell yn wag, er mwyn i ni gael ymweld unrhyw dro y mynnen ni.

Roedd fy amser yn Nulyn bron ar ben. Bob bore, ar ôl i Róisín seiclo i'w gwaith, byddwn yn mynd am dro i barc cyfagos – roedd craig go uchel yn codi yn ei ganol oedd â golygfeydd eang dros y rhan fwyaf o'r ddinas, ac roedd yn arferiad gen i eistedd arni gyda phaned o goffi i fyfyrio. Gallwn weld yr holl ffordd i lawr i'r porthladd ac at simneiau mawr pwerdy Poolbeg, bryniau Wicklow y tu ôl i mi a gweddill y dref yn tyfu'n swnllyd ddi-drefn tua'r gorllewin. Un bore, wrth edrych i fyny am Three Rock Mountain, cofiais am y tro cyntaf i mi gerdded i'r copa er mwyn gweld y dref oddi tanaf. Ar ôl hanner awr dechreuodd fwrw glaw mân digon oer, a cherddais drwy'r goedwig binwydd islaw at lôn droellog lle deuthum ar draws tafarn fechan o'r enw Rock House. Byngalo digon diflas yr olwg ydoedd, efo arwydd Guinness a phwmp petrol y tu allan iddo, ond wrth i mi agor y drws daeth gwres braf a sŵn sgwrsio cyfeillgar i'm cofleidio. Ac ar ôl archebu diod a thamaid i'w fwyta, eisteddais wrth y ffenest i wylio goleuadau Dulyn yn y pellter yn ymddangos wrth iddi nosi. Dechreuodd hen fachgen chwarae consartina o flaen y tanllwyth o dân ym mhen pella'r ystafell – doedd ond pump ohonon ni yn y dafarn, ond teimlwn yn gyfforddus yno. Ymhen tipyn daeth yr hen fachgen ataf am sgwrs.

'How's it goin? I'm Paddy O'Connell. You on yer holidays, lad?' Eglurais 'mod i newydd ddod i fyw i Ddulyn. 'I've lived up here all me life, so I have. I did go to Wales a couple of times, though. Went to Holyhead for the day out, as you do. See the lights down there? Dublin's creeping slowly towards us up here. When I was a kid, the town seemed far away and there were far fewer lights and roads. You wouldn't often go to the big town back then. Sure, progress, as they call it, is slowly climbing up the mountain to get us! The future is coming for us, lad. We couldn't stop it if we tried. Good luck to you!'

Roedd yr hen Paddy yn llygad ei le. Roedd dros ugain mlynedd ers y diwrnod hwnnw, ac erbyn hyn roedd y dafarn fechan wedi cael gweddnewidiad: bellach roedd estyniad anferth a lle i blant chwarae tu allan, a cheir drud wedi'u parcio gyferbyn. Tafarn i bobl gyfoethog y dref bicio iddi ar y penwythnos oedd Rock House erbyn hyn. Roedd Dulyn wedi newid llawer iawn dros y blynyddoedd, a'r ddinas wedi fy newid innau i'w chanlyn. Bu Iwerddon yn garedig â mi, gan ennill lle yn fy nghalon am byth.

* * *

Ceisiodd Róisín a finnau edrych ar ein bywyd newydd fel antur, a rhwng gwaith a theithio'n ôl ac ymlaen aeth y flwyddyn fel y gwynt. Roedd fy swydd newydd yn hyblyg dros ben ac yn llawer llai o straen arnaf na f'un flaenorol, gan olygu y gallwn dreulio'r gyda'r nosau a bob yn ail benwythnos yn trin ein tŷ bach newydd.

Buan yr oedd Róisín a finnau yn ôl efo'n gilydd yng

Nghymru, ond bu i ni ddal ein gafael ar ein bywyd yn Nulyn drwy deithio'n yn ôl unwaith y mis er mwyn i Róisín fynd i'r swyddfa, a threulio penwythnosau gyda'n ffrind, Tara.

Roedd un person yn hapus iawn efo fy mhenderfyniad byrbwyll i ddod yn ôl i Gymru, sef Mam.

Porth Llechog

O, lle ma'r rhein? Dwi wedi gorffen hynny o waith oedd gen i a chael panad, a dwi'n disgwyl yn y gadair 'ma fel llo ers meitin. Mi fydd y diwrnod wedi mynd cyn iddyn nhw gyrraedd, a finna isio mynd allan am dro. Pam na fasan nhw wedi prynu tŷ yn nes ata i, yn lle yn y mynyddoedd 'na?

Ella y ffonia i nhw i weld lle maen nhw, rhag ofn 'u bod nhw wedi cael damwain. Na, well i mi beidio. Rhaid i mi beidio poeni neu mi ga' i bwl eto. Panic ydi o, meddan nhw, ond dwi'n grediniol mai henaint ydi o.

O, dyma nhw...

* * *

'Dach chi'n hwyr iawn.'

'Dim ond deng munud. Chwara teg rŵan, Mam, ma' hi'n cymryd awr i ni ddreifio yma.'

'Ro'n i'n dechra poeni nad oeddat ti am ddŵad a finna'n edrach ymlaen.'

'Dach chi'n gwbod 'mod i'n siŵr o ddŵad, neu mi faswn i wedi ffonio.'

'Dach chi 'di cael bwyd? Would you like something to eat, Róisín? I've got a cake.'

'No, thank you. Shall we go out straight away while it's nice?'

Byddai Róisín yn dod efo fi bob pythefnos i weld Mam, ac roedd y ddwy yn tynnu 'mlaen yn reit dda. Arferai Róisín ddod ag anrheg fach o flodau neu deisen i Mam bob tro, a byddai hynny'n plesio.

Roedd Mam yn gwisgo'i chôt goch a'i *beret* angora. 'Tro'r gas off a ty'd â'r bag siopa 'na efo chdi rhag ofn y bydda i isio rwbath... a 'stynna fy ffon i o fan'cw!'

'Dowch, neu mi fydd yn wsnos nesa.'

'Paid â 'nghythru fi, rhag i mi anghofio cloi'r drws ne' rwbath!'

Roedd Mam yn cymryd ychydig mwy o amser i fynd i lawr y grisiau concrit bob tro yr awn â hi am dro. Cerddais yn araf o'i blaen fel arfer, ac aros amdani wrth y giât ar waelod y llwybr wrth iddi rwyfo'i ffordd tuag ataf. Aeth ambell gar heibio a chododd un o'r gyrwyr law ar Mam.

'Pwy oedd hwnna?'

'Eich ffrind Marged, dwi'n meddwl.'

'Welis i mohoni. Biti na fasa hi 'di stopio.' Arafodd Mam er mwyn camu ar y pafin, ac edrych o'i chwmpas. 'Sbia ceir sydd ar lôn 'ma. Pawb â'i gar dyddia yma, ond dydyn nhw byth i weld yn mynd i nunlla chwaith. Car rhyw American ydi hwnna'n fanna, 'sti – peth reit glên, ac mae'r tŷ'n llawn o gŵn. Ti'n gweld y fan las na? Ma'r boi bia honna 'di meddwi bob dydd, jest. Dwn i ddim lle mae o'n cael y pres i yfed yn wirion... ma'i wraig o'n hogan neis ac yn cadw tŷ glân. 'Dwn i ddim sut ma' hi'n byw efo fo, wir.'

'Dowch, neu yma fyddan ni!'

'Aros funud... o, braf ydi bod allan. Dwi ddim wedi gweld dy frodyr ers wsnos, ac mae'r ddwy hogan o'r soshal syrfisys sy'n dod acw i wneud bwyd i mi yn ddigon clên, ond tydyn nhw ddim yn mynd â fi allan o'r fflat 'cw. Mae o fel tasan nhw'n dod i edrach ar ôl ryw hen heffar.'

'I'r car, rŵan! Cyn i mi nôl gwn i'ch saethu chi, wir!'

Eisteddodd Mam yn y sedd ffrynt gan gwyno fel arfer am orfod gwisgo'r gwregys diogelwch – roedd Róisín wedi mynd i'r cefn, gan wybod bod Mam yn hoffi gweld lle'r oedd hi'n mynd. Gyrrais i gyfeiriad y môr a deng munud yn ddiweddarach roeddwn yn parcio yn y gilfach sy'n edrych allan dros y môr ym Mhorth Llechog. Chwythai awel drwy'r rhedyn ar y clogwyni a gwelwn gawod o law ymhell allan tua'r gorwel. I'r dwyrain safai sgerbwd yr hen ffatri gemegau oedd wedi rhoi gwaith i sawl un o'm ffrindiau ysgol cyn iddi gau. Weithiau byddai'r simdde'n gollwng cwmwl o fwg melynfrown, ac unwaith, pan oeddwn yn cerdded yn y cyffiniau, cefais lond ysgyfaint o'r mwg erchyll nes yr oedd fy mrest yn llosgi a chosi.

Roedd golwg ddigon llwydaidd ar Mam wrth fy ochr. Gwelwn fod ei dwylo'n las a'i llygaid yn bell wrth iddi edrych dros y tonnau.

'Dach chi'n iawn, Mam?'

'O, 'dwn i ddim, wir. Dwi'n ddigon blinedig a finna heb wneud dim byd. Ma' gen i boen yn fy mrest yn reit aml, sy'n gwneud i mi deimlo'n ddigon rhyfadd a phenysgafn, ond does neb i weld yn gwrando arna i. Mae'r doctor yn dal i gadw llygad ar 'y nghalon i ond dwi'm yn meddwl bod y tabledi newydd yn helpu.'

'Ydach chi isio mynd adra?'

'Na, fydda i'n iawn mewn munud. Aros yma. O leia mi fedra i weld y môr o fama, a chael dipyn o wynt braf drwy'r ffenast.'

'Would you like to go for a short walk somewhere?' gofynnodd Róisín.

'You two go out if you like. I'll sit in the car today, I think. Something's not right, I'm sure of it.'

Doeddwn i ddim am ei gadael hi yno ar ei phen ei hun yn y

car, felly gyrrais lawr i bentref bychan Porth Llechog a pharcio gyferbyn â chwt y Bad Achub. Roedd tri chwch bychan wedi eu rhwymo yn yr harbwr cul, a cherddai gwylan fel milwr ar hyd y wal rhwng y car a'r môr yn y gobaith o gael ei bwydo. Cychwynnodd Róisín a finnau ar hyd llwybr bychan allan at geg yr harbwr a dros ychydig o greigiau at garreg fawr ddu oedd yn cael ei gwlychu gan y tonnau.

'Your Mam seems a bit tired and distant today, don't you think?'

'She's OK. She's been getting dizzy but no one can find anything wrong, really. You know what she's like. Ten more minutes and we'll go back in case she's cold.'

Wrth gerdded yn ôl gwelwn fod Mam wedi agor y ffenest, a bod yr wylan fawr yn sefyll ar y wal gyferbyn â'r car fel petai'n syllu ar Mam. Wnaeth y deryn mawr ddim symud hyd yn oed pan gyrhaeddodd Róisín a finnau.

'Dach chi wedi gwneud ffrind newydd, Mam?'

'Duw, mi luchis i rai o'r jeli bêbis 'ma iddi hi ac mi lowciodd nhw'n syth. Fytith y rhain rwbath!' Chwarddodd Róisín o'r sêt gefn. 'Oh, you understood what I said in Welsh, then? Ma'i Chymraeg hi'n dŵad yn dda yn tydi? I'd better watch what I say from now on, now that you're getting good!'

Roedd Róisín wedi setlo'n dda yn ein tŷ bach yn Nantlle o ystyried mai merch y ddinas oedd hi. Gwyddwn am ambell un a oedd wedi methu dygymod â thawelwch cefn gwlad ac wedi gorfod dychwelyd yn ôl i brysurdeb y dref. Roedd y sialens yn anoddach fyth i Róisín oherwydd yr iaith, oedd yn wahanol iawn i'r Wyddeleg roedd hi wedi ei dysgu yn yr ysgol.

Datblygodd patrwm newydd i'n bywydau; roedd fy ngwaith yng Nghaernarfon yn llawer haws a mwy hwyliog na'r hyn ro'n i wedi arfer ag o yn Nulyn ac roedd Róisín yn brysur gydol y dydd gyda'i gwaith golygu. Daeth cydbwysedd yn ôl i fy mywyd ac edrychwn ymlaen am ein trip misol i Iwerddon.

Triniaeth Fawr

Ma'r cyrtans yn 'gorad, ond nid fi agorodd nhw... ma' rwbath wedi digwydd. Dwi'n gweld y goeden tu allan yn symud ond mae 'na niwl yn y llofft. O, mae 'mhen i'n brifo, a 'mrest i...

'Paid rŵan, Mari bach... paid â thrio symud... fedri di ddim.'

Pwy sy 'na? Ar y gadair. Ydw, dwi ar y gadair. Dwi wedi gwneud panad ond wn i ddim lle ma' hi. Isio diod.

'Gwranda rŵan, Mari. Aros lle rwyt ti, paid â symud neu mi fydd hi'n waeth arnat ti.'

Megan? Chdi sy 'na? Ond mi wyt ti i fod yng Ngh'narfon. Fedra i ddim cadw fy llygaid yn 'gorad... düwch mawr ochr acw i'r stafell. Na...

'Sbia, Mari. Sbia arna i... dwi yn y golau wrth y ffenast. Dwi a Moi ddim yn dre bellach. Ti'n cofio? Mae'r ddau ohonon ni wedi mynd ers tro rŵan.'

Be sy'n digwydd, Megan? Be ti'n da 'ma?

'Paid ti â gwneud dim. Aros ar y gadair, Mari... aros lle wyt ti.'

Megan? Dwi'n gweld petha... Brechdan. Te. Llaw... ma'n llaw i'n llosgi. Pam bod y môr wrth y drws? Lle ma'r hogia? Ddeudis i wrthyn nhw am ddod adra am ginio cyn iddo fynd yn oer.

'Mari. Paid â styrbio. Dwi yma i ofalu amdanat ti, ac mae Twm yma hefyd. Iawn Mari?'

* * *

Daeth Rhys, fy mrawd, o hyd i Mam un bore Sul yn eistedd yn ei chadair arferol wrth y lle tân. Roedd paned a brechdan wrth ei thraed, ond doedd Mam ddim yn ymateb, dim ond syllu i gyfeiriad y ffenest fawr. Er bod ei cheg yn symud, fel petai'n ceisio ffurfio geiriau, doedd dim smic i'w gael ganddi.

Daeth y paramedics ar unwaith i'w chludo ar frys i'r ysbyty ym Mangor. Ar ôl sbel fer yno aethpwyd â hi i ysbyty'r galon ym Manceinion lle bu hi am chwe wythnos anodd ar ôl triniaeth fawr. Cawsom wybod bod falf calon Mam wedi gorffen: doedd dim digon o waed yn cyrraedd ei hymennydd, a dyna achosodd y pwl ar y bore Sul hwnnw. Roedd yn ffodus ei bod yn eistedd yn ei chadair ar y pryd – gallasai pethau fod yn llawer gwaeth petai wedi disgyn a tharo'i phen. Lwcus hefyd bod fy mrawd wedi galw hanner awr ar ôl y digwyddiad.

Roedd y driniaeth i roi falf newydd iddi yn un fawr, ond yn ôl y doctoriaid, yn driniaeth eithaf arferol i bobl mewn oed. Aeth Rhys a'i wraig i aros am ychydig ddyddiau i Fanceinion tra oedd Mam yn cael y driniaeth ac arhosais i adref, yn gobeithio'r gorau. Doedd dim pwrpas poeni'n wirion – roedd hi yn nwylo arbenigwyr ac roedd hynny'n rhyddhad mawr. Parhaodd y driniaeth am bron i naw awr, ac ar un adeg cafodd fy mrawd alwad ffôn i ddod ar frys i'r ysbyty. Erbyn iddo gyrraedd roedd yr argyfwng drosodd a Mam wedi dod drwyddi.

Daeth Mam drwy'r cyfan yn weddol dda er gwaetha'i hoedran mawr, ond cafodd haint go hegar ar y clwyf a redai i lawr canol ei brest a arafodd gryn dipyn ar ei hadferiad.

Penderfynodd Dewi a finnau fynd i Fanceinion ar y trên i'w gweld – roedd gorsaf Oxford Road yn agos iawn i'r ysbyty. Doedd Dewi ddim wedi bod ar drên ers blynyddoedd, a'r tro diwethaf i minnau wneud y siwrnai i Fanceinion ro'n i'n canlyn merch o'r ddinas. Wrth eistedd yn y cerbyd cofiais y cynnwrf yn fy nghalon pan fyddwn yn cyrraedd yr orsaf, arogl ei gwallt a gwyrddni ei llygaid wrth iddi fy nghofleidio a 'nghusanu.

Siwrnai eitha gwahanol oedd hon, ar ddiwrnod tywyll, niwlog o aeaf. Ddywedodd Dewi ddim gair, dim ond edrych allan drwy'r ffenest ar y tai llwyd yn hedfan heibio. Gwyddwn fod salwch Glenda yn pwyso'n drwm ar ei feddwl yn ogystal â chyflwr Mam. Llanfairfechan, Bae Colwyn, Rhyl, Prestatyn a llwydni'r Fflint. Gwibiodd y trefi glan-môr di-ffrwt Seisnigaidd heibio, a chyn hir arafodd y trên wrth gyrraedd Caer. Doedd dim rhaid i ni newid trên, felly, ymlaen â ni i Fanceinion.

Ymhen hanner awr roedd y ddau ohonom yn sefyll ar blatfform Oxford Road yng nghanol prysurdeb *rush hour*. Y peth cyntaf wnaeth Dewi ar ôl cyrraedd y stryd islaw oedd tanio sigarét a thynnu'n galed arni.

'Lads, lads! Spare me some fags?' galwodd dyn blêr yr olwg arnom.

Tynnodd Dewi y paced o'i boced. 'Here. There's half a packet there.'

'You're a star, mate. Not from round here are you?'

'Wales. Going to the hospital to see our mother.'

'Keep going that way. Not far, you'll see it. Cheers for the fags, lads. Hope your mam gets better. Can't beat the Welsh!'

Ar ôl cerdded ar hyd coridor ar ôl coridor daethom o hyd i'r ward gywir. Roedd y drws ar gau gan nad oedd y cyfnod ymweld yn dechrau am ddeng munud arall, felly eisteddom ar gadeiriau yn y coridor gydag ambell un arall. Yn y golau gwyn edrychai pawb yn reit sâl, a dechreuais ofni ynglŷn â chyflwr Mam. O'r diwedd, agorwyd y drws a cherddodd Dewi a finnau yn araf ar hyd y ward nes i ni weld Mam mewn ystafell ar ei phen ei hun ar ochr dde'r ward. Roedd golwg gysglyd arni, yn hanner eistedd ar ben gobennydd swmpus yn y gwely.

'Mam? Glyn a Dewi sy 'ma. Dach chi'n iawn?'

'O, am syrpréis. 'Steddwch yn fanna. O, dwi 'di cael digon yma.'

'Ydach chi'n well?'

'Ydw, am wn i. Yr hen graith 'ma sy'n mynnu mynd yn ddrwg. A'r unig beth wela i drwy'r ffenast 'ma ydi wal a choedan.'

'Ydach chi isio rwbath?'

'Na. Dim ond dod adra. Sut ma' Glenda, Dewi?'

Ysgydwodd fy mrawd ei ben yn araf o un ochr i'r llall ac aeth draw at y ffenest i edrych ar oleuadau oren y ddinas yn lliwio'r awyr gymylog. Roedd stafell fechan Mam yn eitha distaw o'i chymharu â gweddill y ward – o leia cawsai dipyn o heddwch i gysgu a gwella.

'Mam, mi fyddwch chi adra cyn bo hir...'

Ceisiodd Mam godi'i hun yn uwch ar y gwely. 'Sbia ar y graith 'ma,' meddai, gan dynnu gwddw ei choban i lawr i ddangos mwy o'i brest. 'Mi fysat ti'n meddwl 'u bod nhw wedi aredig i lawr asgwrn 'y mrest i, ac mae'r weiars mawr 'ma'n sticio allan ac yn dal yn y dillad gwely yn y nos. Ond mae'r inffecsion yn well, i weld.'

Caeodd Mam ei choban ac ymlacio i ddyfnderoedd y gobennydd gydag ochenaid ddofn wrth i Dewi gellwair fod y graith yn ddigon mawr i blannu rhes o datws ynddi. Gwenodd Mam, ond roedd yn ddigon hawdd gweld ei bod ar gysgu. Ceisiais holi am y bwyd a'r nyrsys, ond ches i fawr o ateb cyn i'r ymweliad orfod dod i ben. Dim ond hanner awr oedd i'w gael gan ei bod dan ofal dwys.

'I'm sorry to interrupt, but you'll have to leave in a couple of minutes,' meddai'r nyrs ddaeth i'r drws. 'Your mam needs the rest. She's doing great, though. She's quite a character! She likes a laugh does your mam.'

'Rhaid ni fynd, Mam. Welan ni chi eto, ac mi fyddwch adra cyn bo hir. Mi fydd yr amser yn fflio.'

Gweld Petha

Mae'n hen bryd i mi wella, wir... ma' gorwedd yma'n ddigon i flino unrhyw un. Ma' pobol yn marw yn 'u gwlâu. Ond ma' fama'n llawer iawn gwell na'r Manchester 'na – ro'n i wedi dechra meddwl na faswn i byth yn ca'l dod o fanno. Sgen i ddim syniad pa ddiwrnod na mis ydi hi na dim, ac mae 'mhen i'n ddigon dryslyd weithia. Mae 'na ddynion yn dod ar f'ôl i yn y nos – dwi'n cuddiad dan y dillad a bod yn ddistaw... os cân nhw afael arna i mi fydd hi wedi darfod wedyn. Cha' i byth fynd yn ôl adra. Tydyn nhw ddim yma drwy'r amser ond pan ddôn nhw maen nhw'n dŵad yn sydyn... pam nad eith neb i nôl plisman, wn i ddim. Dwi'n trio 'ngora i wella ond ma' hwn yn lle peryg iawn weithia. Be maen nhw isio yma? Mae'r rhyfal drosodd ers blynyddoedd.

* * *

Ysbyty bychan ydi'r ysbyty yng Nghaergybi efo wardiau modern, glân a digon o olau dydd yn llifo drwy'r ffenestri. Wrth i mi gerdded i mewn sylwais ar hen luniau o'r ysbyty ar y waliau, a chwpwrdd gwydr yn llawn o'r teclynnau hynafol y byddai'r doctoriaid yn arfer eu defnyddio ers talwm. Diolchais wrth edrych ar y nodwyddau anferth, y cyllyll mawr a'r llifiau rhydlyd fod yr oes wedi newid er gwell.

Roedd Mam yn y gwely agosaf at ddrws y ward ac yn edrych yn reit dda o ystyried yr hyn roedd hi wedi ei ddioddef. Eisteddais wrth ei hochr ar gadair blastig anghyffordddus.

'Wel, dach chi'n ôl yng Nghymru o'r diwedd.'

'Ro'n i'n meddwl na fyswn i byth yn cael dŵad yn ôl! O, dwi wedi bod â hiraeth amdanoch chi i gyd. Faint sy 'na ers i mi fynd? Wyth mis? A lle ti 'di bod?'

'Ro'n i yma wsnos i heddiw. Tua saith wsnos fuoch chi i ffwrdd i gyd, a dach chi wedi dod dros y gwaetha rŵan. Dach chi'n cofio Dewi a finna'n dod i'ch gweld chi i Fanceinion?'

'Na. Cofio dim. Dewi a chditha? Hei, 'drycha fama! Weiars sy'n dal 'y mrest i at 'i gilydd. Maen nhw fel weiran bigog lawr jest at 'y motwm bol i.'

'Mae'r inffecsion wedi clirio'n dda i weld.'

'Yndi, am wn i. Ddeudodd y doctor 'u bod nhw wedi fy hongian gerfydd fy nhraed ben ucha'n isa ym Manceinion a 'nhroi fi rownd fel darn o gig!'

'Pam ar y ddaear? I bc?'

'I helpu'r gwaed i fynd drwy'r falf dwi'n meddwl.'

'Fedra i ddim credu 'u bod nhw wedi gwneud y ffasiwn beth. Wedi breuddwydio dach chi.'

'Naci siŵr, mae'r doctor wedi deud. "Upside down and spun around like a piece of meat", dyna ddeudodd o.'

Roedd y briw i lawr brest Mam yn erchyll yr olwg. Gan ei bod wedi colli cymaint o bwysau yn yr ysbyty gallwn ddilyn y weiars i lawr asgwrn ei brest a dan ei chroen nes iddynt ddiflannu i mewn i'r cnawd uwchben ei stumog.

Wrth i'r ddau ohonom sgwrsio daeth yn amlwg nad oedd Mam yn hi'i hun. Edrychodd o'i chwmpas yn sydyn ac amneidio arnaf i ddod yn nes ati er mwyn iddi gael sibrwd rhywbeth yn fy nghlust. Symudais fy nghadair tuag at y gwely a gwyro tuag at wyneb Mam.

'Rhaid bod yn ofalus yn y lle 'ma, Glyn.'

'Pam? Be sy?'

'Ti'n gweld y bobol 'ma yn 'u gwlâu? Paid â sbio rhag ofn iddyn nhw sylwi.'

'Be amdanyn nhw?'

'Be sy matar efo chdi? Ti ddim yn gweld mai Natsis ydyn nhw i gyd?'

'Natsis?'

'Bydd ddistaw! Paid â siarad yn uchel. Maen nhw'n gwrando. Diawlad ydyn nhw i gyd.'

Edrychais o gwmpas y ward ac ar y cleifion oedrannus; rhai yn darllen cylchgronau neu'n gwylio'r teledu, eraill yn bwyta, rhai yn cysgu'n braf. Roedd yr haul yn tywynnu a gwelwn gip ar y môr drwy un ffenest. Doedd dim allan o'r cyffredin.

'Ti'n 'u gweld nhw? Paid â deud dim. Ti'n gweld hon wrth fy ymyl i... mae hon yn SS! Hi di'r gwaetha. Un o'r penaethiaid. Ew, maen nhw'n greulon! Dwi'n 'u clywad nhw'n llusgo pobl o'u gwlâu yn y nos a tydyn nhw ddim yn dod yn ôl wedyn. Y petha bach druan yn gweiddi mewn poen.'

'Am be dach chi'n mwydro? Dim ond hen bobl wela i.'

Daeth nyrs draw efo jwg o ddŵr i Mam, a mynnais air sydyn efo hi. Allan yn y coridor eglurodd y nyrs fod haint ar y dŵr gan Mam a bod hynny'n achosi iddi weld a dychmygu pethau rhyfedd iawn. Roeddwn wedi dychryn bod y ffasiwn beth yn gallu digwydd, ond dechreuais chwerthin wrth i'r rhyddhad fy nharo.

'Rhaid chi yfed digon, Mam,' meddwn wrthi ar ôl dychwelyd. 'Mae ganddoch chi inffecsion ar eich dŵr.'

'Inffecsion... o, ia, mae o'n llosgi wrth bi-pi. Ti wedi cael bwyd heddiw? Mi fysa'n well i chdi ddechra byta cig coch, wnei byth dyfu'n fawr wrth fyta'n wirion.'

'Y cyflwr ar y dŵr sy'n gwneud i chi i weld petha...'

'Y dŵr? Does 'na ddim byd yn matar efo'r dŵr. Shysh... rhaid i chdi watsiad be ti'n ddeud. Jyrmans i gyd, sbia'u hiwnifforms nhw. Diawlad creulon fuon nhw erioed. Lladd oedd 'u petha nhw 'sti.'

'Ylwch, mi a' i rŵan er mwyn i chi gael llonydd. Mi ddo i eto. Ella byddwch chi'n well tro nesa ac yn gwneud mwy o synnwyr.'

'Dwi'n gwneud synnwyr rŵan, siŵr Dduw! Paid â mynd. Dwi ofn iddyn nhw fynd â fi yn y nos. I be oedd isio fy rhoi i mewn ward efo Natsis, wn i ddim!'

Gwastraff amser oedd ceisio egluro, felly codais oddi ar y gadair blastig anghyfforddus a'i chychwyn hi am y drws. Setlodd Mam yn reit handi, ac er difrifoldeb y sefyllfa gwenais wrth gerdded allan o'r ward.

Wedi Gwella

Wnes i rioed feddwl y baswn i'n cael dod yn ôl i'r fflat 'ma. Er na fedra i ddim gwneud llawar o gwmpas y lle, dim ond ista o flaen y teli, dwi mor falch o fod adra. Fiw i mi drio llnau ac ati chwaith, neu ga' i ddam go iawn. Dwi'm isio mynd yn ôl i'r blwmin hosbitol 'na, wir! Ro'n i'n lwcus 'mod i wedi cael mynd i aros efo Geraint a Menna am fis ar ôl dod o Gaergybi; faswn i byth wedi medru dod adra'n syth. Ma' pawb wedi bod yn dda iawn, deud y gwir.

Mi fydd pobol yn galw rŵan, ma' siŵr. Ma'r ddynas o'r mynydd newydd fod a Gwyneth wedi galw efo clamp o deisan afal. Neis hefyd. Mi ddaw'r hôm help ddwywaith y diwrnod – mae un o'r rheiny yn un dda, ac mi wneith hi ista am sgwrs weithia. Duw, ro'n ni'n nabod ei nain yn iawn. Dwi'n mwynhau ei chwmni, ac mi wneith beth bynnag dwi'n ofyn iddi. Nid 'mod i'n gofyn lot – dwi'n hapus os ga' i ginio go neis a chael gwneud y gwely. Dwi'n iawn wedyn. Tydi'r un sy'n dŵad yn y pnawn ddim llawer o beth, ar dân isio mynd ar ôl gwneud paned a bechdan, a dim jest o sgwrs i'w gael ganddi. Ond wedyn ma' hi'n well na dim, a dwi'n gwbod 'u bod nhw'n brysur. Yma fydda i rŵan, debyg.

Dwi'n trio 'ngora i beidio ffonio'r hogia'n aml ond mae'n anodd peidio, a finna ar ben fy hun yn hel meddylia.

* * *

'Dach chi'n 'i gweld hi'n rhyfedd bod adra ar ôl bod i ffwrdd am bron i dri mis, dwi'n siŵr.'

'Ma'r lle 'ma i weld mor fychan. Ro'n i'n meddwl bod gen i fflat gweddol fawr ond ers i mi ddod yn ôl mae bob man wedi shrincio.'

'O leia mi oedd tŷ Geraint yn newid o ward 'sbyty.'

'Oedd... beryg mai dyna'r gwyliau ola ga' i. Ers talwm mi o'n i'n cael mynd i aros efo 'mrawd, Bill, i Blackpool. Twm a finna yno am wsnos ar y tro, a hitha'n boeth bob haf. Biti iddo fo briodi'r ail wraig 'na – chawson ni ddim mynd gymaint wedyn. Twm gollodd baned o de dros 'i lliain bwrdd posh hi, ac mi bechodd, dwi'n meddwl. Mae'r ddau wedi mynd ers tro rŵan. Pan oedd Jac yn fyw ac yn 'i betha roedd hi'n braf aros efo fo hefyd. Dyna fo, pawb wedi mynd. Dim ond fi sy ar ôl rŵan.'

'Dach chi isio rwbath o'r siop heddiw? A' i lawr i chi.'

'Na, mae Geraint wedi cael bob dim, chwara teg iddo fo. Mae gen i gymaint o betha yn y ffrij mi fyddaf yn siŵr o anghofio amdanyn nhw cyn 'u byta nhw. Ma' Catrin wedi dŵad â phetha wedi rhewi hefyd.'

'Sut mae'r graith ar eich brest rŵan?'

'Sbia! Mae'r *staples* fel tracs trên bach yr Wyddfa i lawr yr asgwrn. Maen nhw'n bachu yn y croen ac yn tynnu'n annifyr, yn enwedig pan dwi'n troi a throsi yn fy ngwely.'

Tynnodd ei blows i lawr i ddangos y pigiadau haearn i mi. Roedd y croen o gwmpas y graith yn goch amrwd ond gallwn weld byd o wahaniaeth. Ond er bod y graith gorfforol yn gwella, gwyddwn fod creithiau'r cyfnod a dreuliodd i ffwrdd o'i chartref yn ddwfn. Doedd hi ddim yn cofio llawer am y driniaeth na'r wythnosau canlynol, ond cawsai ei llethu gan hiraeth am ei fflat bychan, ei theulu a'i chynefin. Byddai'n anoddach goroesi hynny.

'A' i i wneud panad i ni. Be am ddarn o deisen?'

'Ia, iawn. Mae'r un ddaeth Menna yn y bocs plastig gwyn. Fedri di ddim curo petha cartra.'

Tra oedd y tegell yn berwi gwyliais ddwy wylan fôr oedd fel petaent yn gwneud dawns y glocsen ar y gwair y tu allan i'r ffenest. Doedd dim wedi newid ers i mi fod yno ddiwethaf, y tu mewn na'r tu allan i'r fflat – roedd popeth fel y gadawodd Mam nhw, y cloc wrth ben y sinc yn dal i dician a'r ffrij yn canu grwndi. Ro'n i'n falch o fod yn ôl, yn falch o'r cyfle i gael treulio amser efo Mam, er mor lletchwith roedd hi'n gallu bod ar adegau.

'Ti wedi rhoi digon o siwgwr yn hwn?' gofynnodd Mam yn swta wrth i mi gario'r gwpan a'r plât iddi.

'Do, dwy fel arfer, ac wedi'i droi o efo llwy hefyd. Bytwch lond eich bol rŵan. Mi fyddwch wedi cryfhau digon cyn bo hir i fynd am dro bach.'

'O, mi fydda i allan drwy'r drws 'na efo fy ffon gyntad ag y medra i, paid ti â phoeni. Gwynt braf, dyna sydd angen ar bawb i wella. Gei di ddŵad draw efo Róisín ac mi awn ni allan am fagiad o jips i Gemaes.'

'Dach chi'n cofio rwbath am fod yn yr ysbyty yng Nghaergybi?'

'Yndw siŵr, lle braf oedd yn fanno a bwyd da, yn wahanol i'r Manchester 'na. Nyrsys ffeind yn siarad Cymraeg efo pawb, ac yn cael chydig o hwyl efo ni. Tydi dipyn o sbort diniwed yn donic?'

'Dach chi'n cofio meddwl bod Jyrmans yn y ward pan oeddach chi'n diodda o'r inffecsion dŵr 'na?'

'Be sy matar arnat ti? Welais i 'mo'r ffasiwn beth! Roedd pawb yn ffeind iawn. Jyrmans, myn diân i! 'Sa rhywun yn meddwl 'mod i'n mynd yn wirion!'

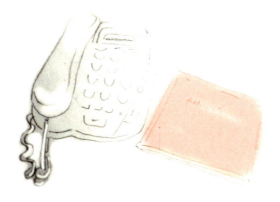

Ffonio

Ma' hi bron yn flwyddyn ers i mi gael dod adra i'r fflat, dwi'n siŵr. Dwi'n medru gwneud tipyn o fwyd rŵan efo'r meicrowêf, ac mae'r nerth wedi dechra dod yn ôl i 'nghoesau dros y misoedd dwytha er bod yn rhaid i mi gael y pulpud i fynd rownd y lle gan 'mod i mor simsan. Lwc bod gen i gadair olwyn i fynd allan am dro neu mi faswn i wedi torri 'nghalon. Ond mae bob diwrnod yr un peth yma, a finna bron â drysu weithia. O leia ro'n i'n gweld pobol drwy'r dydd yn y 'sbyty. Mae'r gofalwyr 'ma'n iawn ond yn reit aml tydyn nhw ddim yn troi fyny o gwbl. Dwi wedi cwyno wrth y cownsil dros y ffôn ond mae 'na lawer un mewn gwaeth lle na fi, meddan nhw, a does dim digon o staff.

Dwi am ffonio Glyn rŵan – 'mond ffonio i ddweud be sy, dyna'r cwbwl dwi'n 'neud. Deud ma'r hogia 'mod i'n cwyno gormod... tasan nhw wedi ca'l triniaeth fel f'un i, ac yn ista'n unig ddydd ar ôl dydd, cwyno fasan nhw hefyd! Mi wn i'n iawn 'u bod nhw'n dewis peidio atab y ffôn weithia, a nhwtha'n gwbod yn iawn 'mod i mewn trafferthion. Dwi'n methu dallt, wir. Taswn i'n gwbod bod fy mam ar y ffôn mi faswn yn siŵr o'i ateb. Argol fawr, dwi wedi'u magu nhw i gyd, mae gen i hawl i gal tendans yn f'oed i, a finna wedi ca'l triniaeth mor fawr.

* * *

Yn fy mreuddwyd roeddwn yn gyrru car heddlu ar draws Pont y Borth ac yn methu mynd yn ddigon cyflym. Gwelwn gar y lladron yn mynd yn bellach o fy mlaen tuag at Fangor. Roedd seiren y car yn sgrechian uwch fy mhen... ni-na, ni-na, ni-na. Deffrais yn sydyn: roedd y ffôn yn canu. Codais o'r gwely a tharo cipolwg ar y cloc. Hanner awr wedi wyth. Rhedais i lawr y grisiau yn hanner noeth cyn i'r ffôn ddeffro Róisín.

'Helô?'

'O, dwi'n sâl. Dwi bron â ffeintio!'

'Be sydd isio ffonio mor fuan ar fora Sadwrn?'

'Paid â dechra! Dwi'n swp sâl, yli. Fedra i ddim symud o'r gadair 'ma. O...'

'Ylwch, rhaid i chi stopio'r ffonio 'ma bob munud. Dach chi'n cael y pylia 'ma'n aml, tydach, ac mi wyddoch chi a finna y pasith o mewn dau funud. Mae'ch calon chi'n iawn rŵan.'

'Fedri di ddod yma? Dwi bron â mynd!'

Roedd Mam yn ffonio'n ddiddiwedd, hyd yn oed pan oeddwn yn y gwaith. Tair, bedair gwaith y dydd o leia, gan ddweud yr un peth bob tro, yn crefu arnaf i fynd ati, yn erfyn i mi yrru'r tri deg chwe milltir y munud hwnnw. Byddai pob galwad yn dechrau gyda'r geiriau, 'O, dwi'n sâl.' Dim 'helô', dim, 'sut wyt ti' ond yn syth at y cwyno a'r crefu am sylw. Roeddwn wedi mynd i ofni caniad y ffôn. Teimlwn ddyletswydd i edrych ar ôl Mam, ond roedd y swnian aruthrol yn fy llethu.

'Iawn. Fydda i yna ymhen yr awr.'

'Fedri ddim dŵad yn gynt?'

'Mi gymrith awr i mi ddreifio acw. Sgen i ddim awyren, nagoes?'

''Sdim isio bod fel'na efo dy fam.'

Rhoddodd Mam y ffôn i lawr yn eithaf caled. Eglurais i Róisín, oedd yn deall y sefyllfa'n iawn, fod yn rhaid mi fynd unwaith yn rhagor, ac y byddwn yn ôl yn y pnawn. Roeddwn yn wystl i Mam, a gwyddwn hynny'n iawn. Cawn fy mlacmelio gan ei llais trist, dolurus ar y ffôn ac ro'n i ofn peidio â mynd ati rhag ofn bod rhywbeth mawr yn bod go iawn y tro hwn. Gwyddwn mai unigrwydd a diflastod oedd ar fai, ac er 'mod i'n deall hynny roedd hi'n anodd iawn i mi ddweud 'na' wrthi.

Taniodd y car yn syth er ei bod yn fore gwlyb, ac awr ddigon anodd a blinedig yn ddiweddarach parciais y tu allan i'r fflat. Doedd neb o gwmpas heblaw ambell frân ar y goeden gyferbyn.

'Helô... dwi yma.'

'Lle ti 'di bod? Ro'n i'n meddwl nad oeddat ti byth am ddŵad.'

'Fel ddeudis i, ma' hi'n cymryd awr i mi ddreifio yma. Does dim fedra i wneud am hynna!'

'O, ti'n flin. Be sy matar efo chdi? A finna'n wael! Does neb yn dallt sut dwi'n teimlo.'

'Ylwch, rhaid i chi stopio hyn. Does dim yn bod arnoch chi rŵan. Mae'ch calon wedi'i sortio'n iawn ac mae'r fflat 'ma'n gynnes braf, a chyfforddus. Mae'r ffonio bob munud 'ma ddigon a drysu fy mhen i, a phen pawb arall!'

'Ti ddim yn dallt, wir! Ro'n i'n meddwl yn siŵr 'mod i'n mynd bora 'ma.'

'Panicio heb fod isio ydach chi. Yr un peth bob tro, ers misoedd rŵan.'

'Gei di weld un diwrnod. Mi gewch chi i gyd sioc go iawn ryw ddiwrnod.'

Agorais y drws i'r gegin a dechrau gwneud paned a bechdan. Erbyn i mi fynd â'r te a'r bara menyn i Mam roedd ei hanadl wedi arafu a'i llygaid yn dawelach yr olwg.

'Dyna fo. Sbiwch, rydach chi'n teimlo'n well rŵan. Bob tro dwi'n dŵad yma ar ôl i chi ffonio, rydach chi'n well ymhen hanner awr. Panic ydi o i gyd.'

'Fedra i ddim helpu'r peth, mae 'na ryw deimlad mwya od yn llifo drosta i i gyd, fel taswn i am ddisgyn yn farw'r munud hwnnw. Methu byw yn fy nghroen. Ma' siŵr bod Róisín yn fy rhegi fi! Dwi yn sori, dwi'n gwbod 'mod i'n eich ffonio chi'r hogia ormod, ond fedra i ddim stopio, wir.'

Gwyliais y glaw yn plethu drwy'r goeden yr ochr bella i'r stryd, a chwipiodd y gwynt fag plastig i lawr y lôn fel ysbryd dibwrpas. Er ei bod hi wedi un ar ddeg o'r gloch erbyn hyn, roedd yn rhaid cael lamp ymlaen i weld yn yr ystafell ffrynt. Erbyn i mi orffen fy ail baned teimlwn fy mhwysedd gwaed yn setlo i lawr. Teimlwn dristwch ysol wrth weld unigrwydd Mam yn ei charchar cyfforddus, a deallwn pam mai'r ffôn oedd ei hunig ddihangfa, ond roedd gen innau fywyd i'w fyw hefyd.

'Rhaid i mi fynd rŵan, Mam.'

'Pam? Be sgen ti i'w neud heddiw? Ti ddim yn gweithio ar ddydd Sadwrn, nagwyt?'

'Dwi 'di bod yma drwy'r bora, a fedra i ddim aros drwy'r dydd. Mi gymrith awr i mi fynd yn ôl, ac ma' siŵr y bydd Geraint yma mewn munud i wneud negas i chi, ac mi ddeith Rhys yma fory.'

'Pam ti'n byw mor bell, deuda?'

'Wel, mae'n agosach na Werddon, yn tydi?'

'Pryd ddei di draw eto?'

'Pnawn Sadwrn nesa. A' i â chi allan os bydd hi'n braf.'

'Rwbath i edrych ymlaen ato fo. O, dwn i'm be ddaw ohona i, wir! Dwi'n gwbod 'mod i'n niwsans.'

Golchais y llestri a'u cadw yn ei llefydd priodol, gan adael y gegin yn drefnus a glân. Fel y gwnâi bob tro, meddyliodd Mam am ambell i joban i mi eu gwneud cyn mynd er mwyn fy nghadw yno'n hirach, felly, ar ôl cadw'r llestri es ati i wagio'r bin yn y gegin, brwsio'r llawr ar ben y grisiau, tacluso'r stafell molchi, gwneud y gwely ac, yn olaf, paratoi brechdan ham fel pryd ysgafn iddi at y pnawn. Wrth danio injan y car edrychais i fyny at ffenest y fflat: roedd ei hwyneb bychan, llwyd i'w weld y tu ôl i'r gwydr gwlyb. Cododd ei llaw arnaf gan symud y cyrtens net i'r ochr. Er i mi gael fy nghorddi gan ei holl alwadau ffôn, roedd ei gweld yn y ffenest yn edrych arnaf yn paratoi i'w gadael yn fy llenwi ag euogrwydd. Wrth yrru adref drwy'r glaw dychmygwn Mam yn mynd yn ôl yn araf i'w chadair wrth y tân ac eistedd yn yr ystafell wag, a llais Slim Whitman yn atseinio'n drist drwy'r fflat.

Cemaes

Gyda phob mis a basiai roedd bywyd yn mynd yn anoddach i Mam. Roedd dwy flynedd o frwydro byw ar ei phen ei hun ers iddi gael y driniaeth fawr wedi gadael ei ôl arni. Allai hi ddim mentro i lawr grisiau'r fflat heb help, ond pan oedd cyfle iddi fynd allan am dro yn y car nid oedd y grisiau na'r gwendid yn ei choesau a'i chefn yn ei rhwystro. Gyda chymorth y gofalwyr a ddeuai ddwywaith y diwrnod roedd yn bosib iddi aros yn y fflat – er i 'mrodyr a finna geisio awgrymu y byddai'n fwy cyfforddus mewn cartref gofal, ac yn cael mwy o gwmni, gwrthod fyddai Mam bob tro, gan fynnu ein bod ni'n ceisio cael gwared arni.

Roeddwn yn dal i fynd i'w gweld hi bob dydd Sadwrn, ac anaml iawn y byddai'n gwrthod y cynnig o fynd am dro yn y car, hyd yn oed pan oedd hi'n bwrw glaw. Erbyn hyn, teimlwn fod ein teithiau ar hyd y glannau cyfarwydd yn bwysig i mi yn ogystal ag iddi hi, rhan o wead ein perthynas. Meddyliwn yn aml tybed be fyddai Nhad yn ei feddwl wrth weld Mam yn ei chadair olwyn ac yn 86 oed. Roedd dros ugain mlynedd ers iddo farw, ac weithiau, yn ddirybudd, roedd Mam a finnau yn dal i'w gyfarfod – wrth ochr morglawdd, ar groeslon, ar draeth cyn y machlud, a'r arogl mwg sigarét anweledig yn yr awyr iach yn ddigon i ryddhau deigryn i redeg i lawr ein bochau.

* * *

Chwythai'r gwynt yn gryf o gyfeiriad y de-orllewin ac roedd y Ddraig Goch yn cwhwfan ar bolyn ar ben draw wal yr harbwr. Gan fod y gwynt yn chwythu oddi ar y tir roedd y môr yn dawel, a dim ond ambell don fechan yn llusgo o gwmpas gwaelod y wal. Hon oedd un o'r waliau a adeiladodd fy nhad, ac mae ffotograff o griw y Cownsil yn sefyll o flaen y wal orffenedig: un dyn yn pwyso ar ei raw, un arall a chaib yn gorffwys dros ei ysgwydd ac un efo berfa o'i flaen. Saif fy nhad yn y canol mewn welintons a'i gap fflat arferol, ac wrth gwrs, roedd gan bron bob un o'r dynion sigarét yn eu cegau. Roedd y wal yn dyst parhaol i waith carreg cywrain y dynion.

Wrth i Mam a finnau deithio hwnt ac yma, yn chwilio am lecynnau hawdd iddi eu cyrraedd ar ei ffyn neu yn y gadair olwyn, daeth Cemaes, efo'i lwybr tar-mac gwastad a'i faes parcio hwylus, yn un o'n cyrchfannau rheolaidd waeth beth oedd y tywydd yn ei daflu atom. Roedd cerdded efo'n gilydd yng nghysgod wal y môr, gan wybod mai Nhad oedd wedi gosod rhai o'r cerrig, yn deimlad braf, ac yn destun sgwrs yn aml pe digwydden ni gyfarfod rhywun yno.

Gyrrais y car i lawr y clip bychan serth at y maes parcio gan wneud yn siŵr 'mod i'n brecio cyn mynd dros y poncyn arafu mawr wrth ochr y caffi. Roedd y caffi yn dawel a'r maes parcio'n hollol wag.

'Oes isio talu i barcio heddiw?'

'Duwcs, nagoes. Dos yn dy flaen. Fasa'r caffi na'r lle parcio ddim yma heblaw bod dy dad wedi adeiladu'r wal fôr.'

Roedd y caffi wedi cau gan fod y tywydd yn oer a'r tymor gwyliau bron ar ben. Parciais y car fel arfer yn wynebu'r môr, yn reit agos i'r llwybr tar-mac. Ymhell allan yn y môr gwelwn ambell don fawr yn torri'n wyn yn yr haul, ac ar y gorwel roedd tancer goch yn hwylio'n araf tuag at Lerpwl.

'Dach chi am ddod allan? Ma' hi'n wyntog, cofiwch.'

'Yndw siŵr. Dos i estyn y gadair olwyn o'r cefn tra bydda i'n rhoi sgarff am fy mhen, neu mi fydd y gwynt wedi chwalu fy mhyrm i. Mae 'na fis tan fy apointment nesa efo'r hogan gwallt.'

Roedd y gadair olwyn yn plygu'n reit handi i gist y car, ac yn eitha hawdd i'w chau a'i hagor. Ar ôl dod â hi at ddrws y car gafaelais ym mraich chwith Mam a'i chodi'n ofalus – doedd fiw i mi afael yn rhy galed neu byddai'n cwyno 'mod i'n ei brifo. Gollyngodd ei hun i'r gadair a gorchuddiais ei choesau â phlanced cyn cloi'r car.

'Does 'na draffarth efo fi? Dwi'n da i ddim, yn rowlio o gwmpas yn hon fel hen ddynas go iawn.'

'Tydi o'n ddim trafferth, a dwi 'di arfer bellach.'

'Ty'd, dos â fi gyda'r wal i'r ochr acw. Dwi'n lecio dyddia gwyntog fel heddiw. Mi chwythith y gwynt fy mhoen a 'nghŵyn i gyd allan i'r môr.'

Ar y penrhyn gyferbyn gwelwn ddau geffyl yn carlamu yn y gwynt a chriw o frain yn cael eu taflu allan dros y bae fel briwsion du. Roedd y llanw'n uchel, a thawelwch ar y dŵr yng nghysgod y tir. Doedd hi ddim yn hawdd clywed Mam yn siarad dros sŵn y gwynt yn chwibanu uwch ein pennau.

'Ti'n 'y nghlywed i? Cynnes ydi'r blancad 'ma ar 'y nghoesa i.'

'Ydi. Ma' hi'n un wlân.'

'Gen i cest ti hon, 'te?'

'Ia. Chi oedd pia hi, dwi'n meddwl. Roedd hi ar sêt gefn car Nhad bob amser.'

'Paid â'i cholli hi. Pan fydda i wedi mynd mi fydd hi'n d'atgoffa di ohona i, yli.'

'Dach chi'n dechra mwydro eto! Lle dach chi'n meddwl mynd, felly?'

Wrth wthio'r gadair olwyn meddyliais pa mor ysgafn oedd

Mam. Doedd dim llawer ohoni bellach ond roedd yn styfnig a'i meddwl yn gryf. Gwyddwn y byddai'n rhaid i mi dderbyn un diwrnod y byddai'r gadair olwyn yn wag, y ddwy ffon yn segur a'r *beret* angora yn ddi-siâp ar y peg. Ond allwn i ddim. Er yr holl swnian a chwyno roedd Mam wedi bod yn angor yn fy mywyd i a bywydau sawl un arall. Er i mi anghytuno efo hi lawer gwaith ac anwybyddu ei chyngor a'i hawgrymiadau, wyddwn i ddim be wnawn i hebddi. Doedd dim diben poeni, mi wyddwn hynny, ond weithiau mae'r meddwl yn crwydro.

Edrychais i lawr a sylwi bod dwylo Mam yn oer ac yn goch. Rhedai deigryn i lawr ei boch.

'Dach chi'n oer? Be sy?'

'Ti'n cofio ni'n ista ar ein *deck chairs* yn fan'cw a hitha'n boeth? Ti'n cofio'r hen gaffi bach cwt sinc hwnnw ar y traeth, a baner y Ddraig Goch arno fo? Dwi'n cofio ista yma yn yr haf efo dy dad, a finna'n cael lliw haul neis a fynta'n smocio. Doedd o ddim yn dda 'radag honno ond dwi'n cofio bod yma efo fo drwy'r pnawn. Rhaid i chdi fwynhau dy hun tra ti'n ifanc, 'sti. Pan ti'n hen mae bob dim yn darfod yn slô bach. Mwynha dy hun tra medri di.'

'Awn ni'n ôl i'r car, ia?'

'Paid â chythru. Dwi'n iawn. Mae hi'n oeri, ond ma' well gen i fod allan yn yr awyr iach na mynd yn ôl i'r fflat. Mi oedd Glenys, fy chwaer, yn methu dallt pam fod yn well gen i fynd am dro nag i siopa – doedd hi'n meddwl am ddim ond am siopa. Dim diddordeb yn y wlad na natur. Ti'n 'i chofio hi'n dod efo ni ar y trip ysgol Sul, i weld tŷ William Williams, Pantycelyn? Mi ofynnodd ar ôl ni gyrraedd os oedd 'na Marks & Spencer yno! Wel, sôn am chwerthin, a honno'n flin fel cacwn nad oedd siop ddillad ar gyfyl y lle!'

'Be am y trip ysgol Sul i Rhyl – dach chi'n cofio hwnnw? Ni yn ein dillad Sul gorau yng nghanol y Saeson hanner noeth yn y siop jips. Roeddach chi a Nhad bron â marw isio bwyd.'

'O, rargian fawr! Dwi'n cofio'n iawn. Twm a finna'n rhuthro

i roi halen ar ein bwyd a blwmin' siwgwr oedd o! Dros y tships a'r ffish, myn diân i! A'r diawlad Saeson yn chwerthin ar ein penna'. Deud dim wrthon ni, a nhwtha'n gwbod yn iawn mai siwgwr oedd o. Wel, o'n i'n teimlo'n hurt. Dy dad druan, mi fedrodd fyta'r rhan fwya o'r 'sgodyn, a dwi'n cofio i titha rannu dy jips efo fi.'

'Well i ni 'i chychwyn hi dwi'n meddwl. Mae hi'n oer i stwna'n fama, rhag ofn chi gael annwyd. Mae'r gwynt yn dechrau troi ac mae'r cymylau ffor'cw'n edrach yn ddu.'

Wrth i mi bowlio'r gadair yn ôl roedd y gwynt yn syth i wyneb Mam. Tynnodd ei sgarff dros ei hwyneb a tharo'i dwylo o dan y flanced goch. Erbyn i ni gyrraedd y car roedd y llanw wedi cilio o'r harbwr bychan gan adael y cychod ar eu hochrau yn y tywod mwdlyd. Un dyn yn unig oedd i'w weld ar y traeth bellach, yn taflu pêl goch i'w gi.

'Ti'n meddwl bod y siop jips yn gorad? Ew, 'swn i'n lecio dipyn o jips rŵan – mae'r holl siarad amdanyn nhw wedi codi blys arna i.'

'Ma' hi'n rhy fuan. Fydd hi ddim yn agor tan tua chwech.'

'O, hen dro! Glenda, ti'n cofio, oedd wrth ei bodd efo tships o'r siop yma. Mi fyddwn yn dod yma efo hi a Dewi yn reit aml, cael ista yn y siop am sgram go iawn! Pysgodyn gwyn gwerth chweil a phys a bechdan, a Glenda yn byta'n dda, fel roedd hi adeg hynny. Fedrwn i byth orffen y tships. Un dda oedd Glenda.'

'Dwi ddim wedi'ch gweld chi'n byta bag cyfa o jips ers blynyddoedd. Pedair neu bump dach chi'n fyta, ac yn gwneud i mi eu darfod nhw.'

'Methu dwi, 'te. Tydi petha wedi newid, yn do? Glenda druan wedi'n gadael ni mor ifanc. Bob dim wedi drysu. Peth ffeind oedd Glenda, dim gair drwg am neb. O, mae colled ar 'i hôl hi. Mae colled ar ôl y rhai sydd wedi mynd, bob un ohonyn nhw.'

Chestnut Lawns

Strôc fechan un bore Sul newidiodd bopeth. Er i Mam wella'n ffafriol iawn yn yr ysbyty roedd yn rhaid iddi gael gofal ar ôl dod adref. Ar y dechrau roedd nyrs yn galw bob diwrnod, a theulu a ffrindiau yn mynd a dod efo bwyd ac i wneud yn siŵr ei bod hi'n iawn yn ei fflat. Ond er iddi wneud ei gorau i ddygymod, daeth i gydnabod y byddai'n rhaid iddi symud i gartref preswyl. Ymhen tri mis daeth ystafell yn rhydd mewn cartref – roedd llythyr gan y doctor a gair yng nghlust rhywun unwaith eto gan y cynghorydd lleol wedi gwthio Mam i frig y rhestr aros. Roedd hi'n angenrheidiol ei bod hi'n symud gynted â phosib ac aeth Mam i ddechrau byw o'r newydd unwaith eto. Sylweddolais fod cysylltiad clòs gydag ardal a chynefin ar fin cael ei dorri fel siswrn drwy ddarn o femrwn – ro'n i wedi cadw cof y teulu yn fyw, rywsut, wrth deithio'n ôl a blaen ar hyd lonydd cyfarwydd fy mhlentyndod efo Mam; gwarchod atgofion, straeon, adrodd enwau lleol hanesyddol yn fy mhen wrth yrru'r car, enwau ffermydd a chaeau, traethau, coed, ac adfeilion. Daearyddiaeth ffasiwn newydd o fath, daearyddiaeth ysbrydol gyda lonydd bach cefn gwlad yn wythiennau, gwreiddiau'n gwau drwy'r corff a'r meddwl ac yn plethu popeth at ei gilydd.

Dair wythnos ar ôl i Mam adael safais yn y fflat wag yn Amlwch am y tro olaf. Roedd rhai o greiriau Mam wedi cael eu cludo i'r cartref preswyl, eraill wedi mynd i'r domen. Ni fu Mam erioed yn sentimental iawn am ei phethau – doedd hi ddim yn malio llawer am ddodrefn ac ati, a'r unig bethau roedd hi eisiau mynd â nhw efo hi oedd y chest o'drôrs i ddal ei dillad a'r cwpwrdd oedd yn dal y teledu. Roedd gwely a wardrob a dwy gadair gyfforddus yn ei disgwyl yn ei hystafell newydd yn y cartref. Bu fy mrodyr yn sortio a chwynnu drwy'r dillad, yr ornaments a'r lluniau, ac roedden nhw wedi eu rhoi yn bentyrrau ar lawr ystafell wely wag Mam yn y fflat. Bu bron i mi â thorri fy nghalon wrth fynd ar fy mhengliniau a chwilota drwy adfeilion bywyd Mam i weld oeddwn i isio cadw rhywbeth. Hen bapur bro, lliain golchi llestri o Iwerddon, llyfr rhifau ffôn/nodiadau, ryseitiau, hen handbag, fframiau lluniau. Wedi ei guddio o dan hances boced newydd yn ei bocs deuthum ar draws y calendr bach pren oedd wedi eistedd ar y silff ben tân ers cyn cof – anrheg iddi gan rywun oddi ar ei wyliau, ond roedd enw'r wlad wedi hen wisgo i ffwrdd. Teclyn bach handi oedd hwn efo blociau pren sgwâr wedi eu marcio â rhifau, dyddiau a misoedd oedd i'w symud o gwmpas yn ôl yr angen. Ar waelod y teclyn roedd lle bach i newid y flwyddyn ac roedd Mam, yn ei phenbleth gyda'r ganrif newydd, wedi ei adael ar 0212. Fedrwn i 'mo'i adael, a waeth beth fyddai'r dyddiad, penderfynais y byddai'r flwyddyn yn aros fel yr oedd gan Mam.

Ar ôl mwy o chwilota cefais hyd i fag plastig coch ac ynddo dri ffotograff. Roedd y cyntaf o Mam pan oedd hi tuag ugain oed, yn gwisgo het fechan ffasiynol ar ongl hwyliog. Syllai Mam allan o'r llun du a gwyn â llygaid hardd, direidus, ei chroen fel marmor llyfn. Llun ohona i yn fabi oedd yr ail, yn eistedd mewn cadair uchel a Mam allan o ffocws tu ôl i mi. Roedd un ochr i'r trydydd llun wedi rhwygo – llun bychan brown oedd o, maint paced sigaréts, o briodas Mam a 'Nhad, y ddau yn gwenu wrth sefyll ochr yn ochr o flaen drws y capel.

Roedd y clirio olaf hwn yn anoddach na'r disgwyl, a theimlwn fel bradwr ar fy mhengliniau yng nghanol y mândaclau. Cymerais yr hyn ro'n i am ei gadw, a cherdded drwy bob ystafell gan deimlo'r bwrlwm a'r sgwrsio a'r trafferthion fu rhwng y muriau gwag. Dychmygais bob ystafell fel y bu: dros ugain mlynedd o hapusrwydd, tristwch, salwch, unigedd, diflastod a chariad wedi ymdoddi i waliau caled y fflat. Wrth gloi'r drws am y tro olaf gwyddwn fy mod wedi cario'r holl atgofion allan yn saff efo fi, ond gwyddwn hefyd 'mod i'n gadael rhan bwysig ohona i fy hun yn yr ystafelloedd moel. Roedd y siwrnai i Amlwch wedi dod yn ddyletswydd ac yn fath o bererindod Sadyrnol ers blynyddoedd.

Eisteddais yn y car cyn ei danio, ac edrych am y tro olaf ar y cyrtens net yn ffenest ystafell ffrynt Mam. Meddyliais i mi weld ei hwyneb bychan yn gwenu arnaf wrth i mi gychwyn oddi yno, a'i chysgod yn troi yn ôl i eistedd wrth y tân.

* * *

Cliriodd y glaw, ac erbyn i mi gyrraedd y cartref roedd haul gwan yn tywynnu ar y môr. Parciais y car yn y lle arferol, dan goeden gastan, gan sylwi bod un o'r trigolion yn eistedd wrth y drws ffrynt yn darllen.

'Hello,' cyfarchais hi. 'How are you today?'

'Oh, not bad, thank you.'

'Don't you get cold reading by the door?'

'Oh, no. The fresh air does me good. This place is far too hot to be healthy.'

Gan fod y cartref ar gyrion Biwmares, Saeson oedd y mwyafrif o'r trigolion. Pobl wedi ymddeol o Fanceinion a Lerpwl gan ffansïo treulio gweddill eu hoes ger y môr oedd llawer ohonyn nhw, yn unig ar ôl colli cymar, neu heb deulu yn lleol i edrych ar eu holau. Cerddais i stafell Mam, ond doedd dim golwg ohoni.

'Mam! Lle dach chi?'

'Yn y bathrwm. Dwi bron â gorffen. Stedda, ac mi gawn ni sgwrs drwy'r drws. Meddwl o'n i rŵan, ers faint ydw i yn y lle 'ma rŵan?'

'Be dach chi'n feddwl – yn y toilet?'

'Naci siŵr Dduw, yn yr hôm 'ma!'

'O, wela i. Ma' hi bron yn ddwy flynedd erbyn hyn.'

'O, mae amser yn ara deg yma! Ista ar ben fy hun fel delw o un pen y dydd i'r llall. Be ydi pwrpas byw fel hyn?'

'Pam nad ewch chi i'r lownj at y gweddill?'

'Duw, mae'r teli mlaen drwy'r dydd yn fanno, a phawb yn cysgu o'i chwmpas hi ac yn deud dim. Waeth i mi fod yn fama ddim!'

'Ro'n i'n meddwl eich bod chi'n licio yma?'

'Yn y dechra roedd y lle'n plesio'n weddol gan 'mod i'n newydd yma. Ond dwi'n gweld rŵan mai twll o le ydi o. Dyna fydda i'n ei alw fo o hyn ymlaen: Y Twll... mae'n well enw na "Chestnut Lawns". Wel, sôn am enw gwirion – dim Cymraeg o gwbl!'

'Dach chi'n cwyno heb fod angen rŵan! Mae'r lle ma'n reit neis.'

'O, mi wn i na ddylwn i gwyno. Ond dyna fo, waeth i mi wneud ddim!'

Roedd ystafell Mam yn ddigon cartrefol. Teledu bychan yn y gongl, er nad oedd Mam byth yn ei gwylio. Gwely sengl gyda chwpwrdd wrth ei ymyl. Peiriant radio a chryno ddisg er mwyn iddi gael gwrando ar ei chanu gwlad. Wil Tân oedd y ffefryn newydd, a'r hen Slim Whitman, wrth gwrs. Roedd cadair esmwyth ger y ffenest gyda golygfa o'r ardd a'r coed draw wrth y cae. Chest o' drôrs a desg, a wardrob oedd mor orlawn fel na allai Mam byth ddod o hyd i'r dilledyn roedd hi'n chwilio amdano.

Daeth Mam allan o'r stafell molchi gyda chymorth ei phulpud, a gollwng ei hun i eistedd yn y gadair esmwyth gyferbyn â mi.

'O, methu mynd o'n i! Niwsans glân.'

'Pam na drïwch chi fwyta mwy o ffrwythau i helpu? Prŵns?'

'Mi wyddost ti na tydw i ddim yn licio ffrwythau. Maen nhw'n rhoi dŵr poeth i mi... a does 'na'm asiffeta i gael yma.'

Edrychai Mam yn reit dda. Doedd ganddi fawr ddim crychau ar ei hwyneb er ei bod bron â chyrraedd diwedd ei hwythdegau. Dywedodd lawer gwaith mai croen fel ei mam oedd ganddi, ac y bu ei mam farw yn edrych fel merch ifanc. Plethodd ei dwylo ar ei glin a sylwais fod cylch aur ei modrwy briodas yn rhy fawr o lawer i'w bys bellach.

'Watsiwch chi golli'r fodrwy 'na. Ma' hi'n llac iawn ganddoch chi.'

'Dwi'n gwbod. Sbia tena a hyll ydi 'nwylo i 'di mynd. Sbia hen 'dyn nhw.'

'Wel, mi ydach chi'n hen rŵan!'

'O, paid wir! Tydi hi ddim yn braf bod yn hen fel hyn. Wnes i rioed feddwl y baswn i mor hen â hyn.'

'Mae'ch meddwl chi'n iawn. Sawl un yma wedi mynd ag anghofio'r cwbl.'

'Fydda i'n siŵr o fynd i'w canlyn nhw. Does dim byd tebyg i gartra go iawn.'

'Mae'r fraich yn dal i wella gynnoch chi, tydi?'

'Ma' hi wedi dŵad yn dda iawn. Dim ond chydig bach o grynu sy ynddi rŵan. Lwc na 'mond strôc fach ges i, wir. Ti'n cofio Glenys, fy chwaer? Gafodd hi anferth o strôc a methu symud ar 'i hôl hi.'

Edrychodd Mam allan i'r ardd i geisio cuddio'r tristwch oedd yn ei llygaid gwyrdd. Cafodd bwl o beswch digon caled, ac es i dywallt gwydraid o ddŵr iddi. Yfodd ei hanner a'i roi i lawr ar y sil ffenest.

'Mae 'na ryw hen ddyn wedi mynd yn wirion bost yma, 'sti.

Ti 'di sylwi arno fo'n sefyll ar y coridor? Dwi'i ofn o, wir. Does ganddo ddim help, ond mae golwg ryfadd arno fo weithia. Y sowldiwr pren, dyna dwi'n i alw fo, yn sefyll fel delw yn y drws. Un bora, mi oedd o'n cerddad yn ei drôns i fyny ac i lawr y coridor, yn gwneud ryw dwrw gwirion fel tasa fo'n chwara'r biwgl.'

'Lwcus eich bod chi cystal, de?'

'Ia, ond does 'na ddim sgwrs gall i'w chael yma. Ambell un yn iawn, ond... mae 'na rai ohonyn nhw'n rêl bwlis. Saeson, wrth gwrs, sbio lawr arnon ni, meddwl 'u bod nhw'n well na ni.'

Gwyddwn mai'r peth callaf i'w wneud oedd peidio holi mwy.

'Ydach chi isio i mi wneud rwbath i chi tra dwi yma?'

'Golcha fy nannadd i, os wnei di.'

Roedd glanhau dannedd gosod Mam yn un o'm tasgau wythnosol bellach. Doedd neb o staff y cartref yn gwneud hyn iddi, ac ar y dechrau roedd y dannedd yn mynd yn anghyfforddus a budr. Ceisiodd Mam wneud y dasg ei hun ambell waith, ond roedd hi'n tueddu i ollwng y dannedd i'r sinc, ac yn ofni y bydden nhw'n torri. Erbyn hyn roeddwn wedi hen arfer â'r joban: eu sgwrio efo'r brwsh a phast, a rhedeg dŵr oer drostynt a gwneud yn siŵr bod yr olion bwyd i gyd wedi diflannu. Wedyn, mynd i'r drôr i nôl y Polygrip a rhoi ambell belen las o'r glud ar gwm y dannedd.

'Mi wna i'n iawn tan tro nesa rŵan. Hen beth annifyr ydi dannadd budr. Dwi 'di stopio gofyn i'r nyrsys wneud – maen nhw'n rhy brysur meddan nhw wrtha i. Mae 'na ambell un *don't care* yma, ond ma'r rhan fwya'n weddol dda.'

'Dwi wedi dŵad â photia cwstard i chi. A theisenna' bach sbwnj – maen nhw yn y tun. Ydach chi am ddod am dro yn y car heddiw?'

'Ydw siŵr. Mae'r haul allan, tydi? Dos i nôl y gadair olwyn a ty'd â 'nghot i oddi ar y bachyn.'

* * *

Gafaelais yn y fflasg oddi ar sedd gefn y car a thywallt te poeth ohoni i gwpan blastig fechan. Rhyfedd fel mae te o fflasg bob tro'n arogli'n wahanol i de wedi'i wneud adref. Mae hyd yn oed yn blasu chydig yn wahanol, fel tasa'r awyr iach wedi cyffwrdd ynddo.

'Gymera i ryw gegiad. Sgen ti siwgwr? Fedra i 'mo'i ddiodda fo heb siwgwr.'

Yfodd Mam y te a thywallt y diferyn olaf allan drwy'r ffenest. Roedd hyn yn arferiad yn ein tŷ ni erioed – doedden ni byth yn gorffen paned yn gyfan gwbl, gan gadw mymryn yn y gwaelod i'w dywallt i'r sinc. Dwi'n meddwl mai atgof o ddyddiau te rhydd oedd o, pan fyddai'r dail yn suddo i'r gwaelod. Erbyn hyn ro'n i'n hoffi meddwl 'mod i'n rhannu diferion olaf y baned efo'r ddaear, fel math o ddiolch, ond dwi'n siŵr nad oedd y fath beth yn croesi meddwl Mam.

Roedd y pnawn wedi troi'n braf, a dechreuodd y golygfeydd hardd ymddangos drwy'r niwl ar draws y Fenai: Llanfairfechan a Phenmaenmawr ac ymlaen at Ben y Gogarth. Roedd y mynyddoedd yn glir a gwyrdd yn yr haul gyda rhaeadr Aber i'w gweld yn llinyn gwyn i lawr y clogwyni. Ers i Mam symud i'r cartref roedd mynd am dro o amgylch Biwmares a'r cyffiniau yn fwy hwylus na'r hen lefydd cyfarwydd yng ngogledd yr ynys. Byddai Mam yn dal i ofyn yn reit gyson am gael mynd i Gemaes, ond byddwn yn gorfod gwrthod gan amlaf gan fod amser yn brin.

Roedd y llanw yn bell allan, gan greu'r argraff y gallasai rhywun gerdded yr holl ffordd i'r tir mawr. Parciodd fan fechan ger y traeth, a daeth tri o ddynion ohoni. Gwyliais y tri yn gwisgo welintons hir a chodi nifer o sachau plastig cyn cerdded ymhell allan ar hyd gwely'r Fenai nes eu bod yn edrych fel ysbrydion llwydaidd. Dechreuodd y dynion wahanu a phlygu i lawr i ddechrau ar eu gwaith.

'Be mae'r dynion 'na'n neud?'

'Casglu cregyn gleision neu gocos dwi'n meddwl.'

'I be?'

'Ma' pobol yn 'u byta nhw... maen nhw'n reit ddrud mewn tai bwyta.'

'Ych a fi! Fedra i ddim stumogi petha fel'na. Dwi'n cofio hel cocos ers talwm efo dynas Tŷ Main. Waeth i ti fyta darn o rwber efo halan arno fo, ddim!'

'Maen nhw'n deud bod y Rhufeiniaid wedi croesi drosodd rownd ffor'ma amser maith yn ôl.'

'Be ti'n rwdlan, deuda? Rhufeiniaid, wir.'

'Dod i goncro'r wlad wnaethon nhw, gannoedd o flynyddoedd yn ôl. Dach chi wedi clywed am y Romans, yn do?'

'O, do siŵr. Y Romans. O'n i'n meddwl bo' chdi'n siarad am y Beibl.'

Agorodd Mam ei ffenest a daeth arogl hallt y môr i lenwi'r car. Pwysodd ymlaen nes bod ei hwyneb allan yn yr awyr iach, a gollyngodd ochenaid o ryddhad.

'O, gwynt braf! Mae'n braf cael mynd allan o'r lle 'na a theimlo'r haul ar fy wyneb. Dwn i ddim be wnawn i taswn i'n methu mynd allan yn y car fel hyn.'

'Agorwch y drws, 'ta.'

'Na, mae hyn jest neis. Mae'r môr yn ddaioni 'sti. Oglau halen a gwymon ffres a chân adar y môr. Ro'n i wrth fy modd yn 'drochi fy nhraed yn y môr ers talwm.'

'Mi fedrwch ddal i wneud hynny rŵan.'

'Na, beryg i mi ddisgyn i'r dŵr! Dwi ddim ffit mewn llefydd anwastad. Ond roedd o'n braf ers talwm. Wrth fy modd... a 'nhraed i'n teimlo'n ffres neis wedyn am oriau.'

Eisteddodd Mam yn ôl gan adael y ffenest ar agor. Dechreuodd besychu, gan chwilota am ddarn o hances bapur yn ei phoced. Cymerodd swig o ddŵr o botel blastig, heb dynnu ei golygon oddi ar y Fenai.

'Penmaenmawr sy'n fan'cw, ia?'

'Ia. Welwch chi'r lôn fawr a'r ceir arni? Mae Penmaenmawr wrth y môr, yn is i lawr.'

'O, lle braf oedd yn fanno! Roedd Jac, fy mrawd, yn cadw *guest house* crand reit wrth y môr cyn adeg y rhyfel ac mi fyddwn i'n mynd yno i aros, i'w helpu fo a'i wraig pan oedd hi'n brysur. Ifanc oeddwn i, ac wrth fy modd yn gweld y bobol o bob math oedd yn dod yno ar y trên. Rhai o America weithiau, a phobol neis oeddan nhw i gyd. Digon o bres. Dwi'n cofio sychu llestri yno, a llnau'r tŷ mawr o'r top i'r gwaelod. Mi ges i lot o hwyl efo Jac, ond petha rhyfadd oedd rhai o'r *guests*, yn sbio i lawr arnon ni'r Cymry. Fydda i ddim yn licio pobol felly, yn meddwl 'u bod nhw'n well nag eraill, ac yn ddim byd yn y diwedd. Chwalwyd y tŷ pan wnaethon nhw'r lôn fawr hyll 'na. Biti, chwalu lle mor neis. Es i efo Jac unwaith am dro at lle oedd y tŷ, ond doedd dim i'w weld, dim ond lôn a thraffig swnllyd. Tar-mac a choncrit wedi claddu'r holl atgofion melys.'

Wrth wrando ar Mam ro'n i'n gwylio'r tri dyn yn cerdded yn ôl tuag atom, eu sachau'n llawn a chrwn. Chwyrlïai cwmwl o fwg sigaréts a chwerthin o'u cwmpas wrth iddynt lwytho'r sachau trwm i gefn y fan ac eistedd wrth fwrdd picnic i gael paned a hoe cyn gadael. Roedd Mam mewn breuddwyd, yn edrych tuag at Landudno.

'Bob dim yn iawn?'

'Yndi. Meddwl o'n i am yr hen amser. Adeg braf, a digon o hwyl. Ma' pawb mor brysur dyddia yma, heb amsar i ddim byd. A wnes i rioed feddwl y baswn i'n byw efo llwyth o hen bobol! Ty'd, well i ni fynd yn ôl neu mi fyddan nhw'n meddwl 'mod i wedi dengid. Diawlad ydi rhai ohonyn nhw 'sti, yn llygadu bob dim!'

'Drychwch, ma' hi'n haul yn Llandudno,' meddwn, gan wybod y byddwn i'n cael yr un straeon ag a glywais ganddi droeon o'r blaen.

'Dyna i chdi le braf arall. Ro'n i wrth fy modd yn cerdded hyd y prom efo dy dad, yn gwylio pobol yn pasio a gweld sut roeddan nhw'n gwisgo. Digon o feinciau hyd y prom... un fainc oedd wrth ymyl Kwiks yn Amlwch ac mi oedd raid i mi gwffio i gael lle ar honno! Ges i afael ar un o'r cownsilars 'na un diwrnod yn y stryd, a gofyn iddo fo am fainc wrth y lle bysys i bobl gael ista i ddisgwyl y bws. Chwara teg, ymhen ryw ddau fis roedd y fainc yno.'

'Dwi'n siŵr bod y cynghorydd druan ofn eich gweld chi'n dŵad!'

'Duw, dim ots gen i. Chei di ddim byd heb ofyn. Ty'd, well i ni fynd yn ôl... er, mi fasa'n well gen i aros yma wrth y môr.'

Taniais y car a rhoddodd Mam y gwregys o'i chwmpas gan gwyno fel arfer ei fod o'n dynn ar draws ei brest. Cwynodd Mam hefyd am y tyllau garw yn y maes parcio oedd yn gwneud i'r car ysgwyd o ochr i ochr, a gweld bai ar y Cyngor am beidio'u llenwi.

Roedd hesg uchel yn tyfu mewn cae gwlyb gyferbyn a'r lôn, a llwybr troed pren yn troelli drwy'r coed tuag at Gastell Aberlleiniog. Wrth eu pasio ceisiais newid y pwnc.

'Mam, dach chi'n fy nghofio fi'n mynd efo'r ysgol fach ers talwm i aros am wsnos yn y ganolfan awyr agored ym Miwmares?'

'Dwi'n cofio'n iawn. Mi est ti'n ddel efo ces bach brown hen ffasiwn. A finna ofn i rwbath ddigwydd i ti – wel, ro'n i'n poeni. Dy dad berswadiodd fi i adael i chdi fynd. Mi oedd wsnos yn amsar hir, a doedd gan neb ffôn 'radag honno. Wel, ro'n i'n falch o dy weld di'n dod adra'n saff. Phoenodd dy dad ddim, roedd o i weld yn ddigon hapus. Un cŵl oedd dy dad, a fi oedd yn gorfod poeni am bob dim. Dim rhyfadd 'mod i wedi mynd yn wirion!'

'Tydi poeni ddim yn helpu neb na dim.'

'Doedd gen i 'mo'r help. Ma' poeni yn rhedag yn y teulu. Roedd dy Anti Glenys yn poeni am bob dim dan haul ac yn llyncu faliyms un ar ôl y llall. Duw, doedd neb yn gwbod 'radeg honno bod y tabledi 'ma'n ddrwg i rywun. Ges i un ganddi ryw dro, ac mi es i deimlo fel rêl twmffat ar ôl 'i chymryd hi. Petha ofnadwy ydi'r drygs 'ma.'

Ymhen hanner awr roedd y car yn ei ôl ym maes parcio

cartref preswyl Chestnut Lawns. Sylwais ar Mam yn sgyrnygu ar yr arwydd crand ger y giât, ond ddeudis i ddim byd, dim ond agor drws cefn y car a thynnu'r gadair olwyn allan yn barod amdani. Cymerodd ei hamser i eistedd ynddi, a dechreuais ei gwthio tuag at y drws. Roedd yr un ddynes ag arfer yn eistedd ger y drws yn ysmygu a darllen.

'Sbia, ma' hon yma bob dydd yn smocio fel stemar. Tydi hi byth i weld yn oer. Does 'na ddim llawer o sgwrs i gael ganddi, a hitha a'i phen mewn llyfr drwy'r adag.'

Cymerodd Mam lond ysgyfaint o awyr iach cyn i mi fynd â hi drwy'r drws i'r coridor tywyll, fel petai'n gwybod na châi ei hanadlu eto am sbel.

Roedd bwrdd du y tu allan i'r ystafell fwyta fawr, ac edrychodd Mam yn flin arno.

'Be ma' hwn yn ddeud? Fedra i 'mo'i weld o'n glir. Mae'r sgwennu fel traed brain.'

'Today's menu. Fish and Chips and Peas.'

'O, na! Ma'r blwmin ffish mor flasus â hwnna sy'n nofio yn y tanc 'na!' meddai, gan amneidio at bysgodyn aur trist yr olwg oedd bron ar goll mewn tanc o ddŵr budr. 'A phys oer bob tro! Sgin y petha ifanc yn y gegin 'na ddim syniad sut i neud bwyd da. Be sy 'na i bwdin?'

'Semolina a jam.'

'O mam bach!'

Salwch

Lle ma'r doctor? Dwi'm di gweld honno ers dwn i'm pryd. Asu, dwi'n sâl. Methu ca'l fy ngwynt a fy mrest yn boeth, boeth. Ma'r nyrsys yn deud 'mod i'n well ond mi wn i bod rwbath yn rwla ddim yn iawn. Gneud i mi godi o 'ngwely i ddim byd yn lle gadael i mi orwedd. Fedra i ddim mynd i eistedd wrth y bwrdd cinio, wir, prin y medra i godi fy nghwpan de.

Dwi'n breuddwydio bob math o betha gwirion – Mam a Nhad yn eistedd wrth y ffenast yn fan'cw a finna'n methu clwad be yn union oeddan nhw'n 'i ddeud. Ro'n i wedi ypsetio'n lân. Dwi'n siŵr bod Geraint wedi bod yma efo fi wrth y gwely ddoe; dwi'n 'i gofio fo'n deud rwbath am ffliw lond y lle 'ma a bod pawb yn cadw'n glir. Ro'n i'n meddwl 'u bod nhw wedi anghofio amdana i.

* * *

'O'r diwadd! Ti ddim wedi bod yma ers wsnosa!'

'Chawn i ddim dŵad – roedd y lle 'ma ar loc-down gan fod pawb yn sâl efo'r ffliw. Ydach chi'n well?'

'Yndw a nac'dw. Go lew, heblaw am y frest gaeth a'r tagu

ofnadwy 'ma. O'n i'n meddwl na faswn i byth yn dy weld di eto!'

'Peidiwch â malu, wir! Roedd yn rhaid i mi ddisgwyl i'r lle agor.'

'O, dwi wedi cael traffarth! Petha gwael ydi'r staff nos. Mae 'mrest i'n gwichian fel organ capal a hen fflem yn codi wrth i mi dagu drwy'r nos, a pan dwi'n canu'r gloch 'ma wrth y gwely mae 'na un hen hogan annifyr yn fy namio i go iawn am ganu'r gloch bob munud!'

'Pa un ydi honno?'

'Honno efo coesau tena, tena. Dydi ddim i fod fel'na efo fi, nac'di? Ac yn y bora, "Get up you lazy old woman" ma' hi'n ddeud wrtha i. Jocian oedd hi, ond dwi ddim yn lecio jôcs fel'na. Dwi 'i hofn hi braidd.'

'Ydach chi isio i mi gael gair efo'r rheolwr?'

'Na paid, neu mi eith hi'n waeth byth!'

Ro'n i'n cael fy nhynnu ddwy ffordd. Er i Mam grefu arna i i beidio â chwyno, roedd ei dagrau'n rhoi neges hollol wahanol. Ers iddi golli'r nerth i gerdded yn annibynnol roedd pethau syml bob dydd yn cymryd llawer mwy o ymdrech a nerth nag arfer. Ceisiwn wneud be fedrwn i – glanhau'r drôr wrth y gwely, tacluso'r plancedi, golchi ei dannedd gosod a rhoi trefn ar yr holl ddillad yn y wardrob, ond roedd hi wedi digalonni. Gweddïwn na fyddai hi'n torri'i chalon yn llwyr.

'Does dim ots ganddyn nhw, 'sti. Dim ond ffordd o wneud pres ydan ni, yr hen bobol, iddyn nhw, fel anifeiliaid fferm. Tydi'r ddynas sy'n rhedag y lle yn malio dim. Mae hi ar *cruise* neu yn sgïo fwy nag y ma' hi'n edrych ar ôl y lle yma. Ond nyrsys da sy 'ma, yn glên iawn. Mae'r nyrsys yn genod neis i gyd, chwara teg.'

Gwyddwn nad oedd y darlun roedd hi'n ei roi i mi o'r cartref yn un cytbwys, ond doeddwn i ddim yn lecio meddwl amdani'n cael cam, chwaith.

'Awn ni allan yn y car eto pan fyddwch chi wedi gwella. Wsnos nesa, ella.'

'Dwn i'm, wir.'

'Be am i mi fynd â chi i'r lownj at y gweddill, i chi gael sgwrs ar ôl i mi fynd?'

'Ia, iawn. Er, fydd y Saeson byth yn siarad efo ni'r Cymry. Ond tydi o'n poeni dim arna i. Nei di dorri fy ngwinadd i cyn mynd? Maen nhw'n niwsans yn hir fel hyn, ac yn bachu yn bob dim.'

Gafaelais yn y siswrn bach o'r drôr wrth y gwely. Doeddwn i ddim yn dda iawn am wneud y joban hon. Ro'n i ofn ei brifo – mor hawdd fasa torri un o'i hewinedd i'r byw ac achosi i'r bys waedu'n giaidd. Wrth i Mam estyn ei llaw tuag ataf gwelais fod cleisiau tywyll ar groen ei braich.

'O, henaint ydi hynna. Dwi'n gleisiau i gyd. Ac mae rhai o'r nyrsys yn gafael yndda i'n rhy galed weithia, heb feddwl. Tydi 'nghroen i wedi mynd fel papur.'

Gafaelais yn ei llaw a dechrau torri'r ewinedd hiraf yn araf ac yn ofalus. Roedd ei modrwy briodas wedi llacio mwy eto, a'r gwythiennau piws fel gwreiddiau o dan y croen tenau. Er fy mod wedi gwneud y dasg hon lawer gwaith o'r blaen, teimlwn fod y tro yma'n wahanol, rywsut. Roedd tawelwch a thynerwch rhwng y ddau ohonom wrth i mi ganolbwyntio ar y torri, ac ro'n i mor agos at Mam gallwn glywed ei hysgyfaint yn gwichian am aer, a theimlwn guriad meddal ei gwaed wrth i mi afael yn ysgafn yn ei harddwrn. Roedd awyrgylch yr ystafell wedi llonyddu wrth i mi weithio gyda'r siswrn, a gwyddwn fod Mam yn edrych arnaf. Heb ddweud dim, roedden ni'n deall na fyddai pethau yr un fath byth eto.

'Digon rŵan. Dos i gadw'r siswrn... mi wneith y tro rŵan. Os byw ac iach mi gei di 'u gwneud nhw i mi eto.'

Eisteddodd Mam yn y gadair olwyn a phowliais hi allan o ddrws ei llofft ac ar hyd y coridor at y lifft. Doedd neb arall o gwmpas, a daeth arogl bwyd i'n cyfarfod wrth i ddrws metal y lifft agor i'n croesawu. Cododd y lifft yn araf iawn, ac wrth fynd sylwais fod Mam wrthi'n tacluso'i gwallt ar ôl gweld ei hadlewyrchiad yn y drych mawr. Edrychai'n flinedig ac eiddil, ei hwyneb yn welw.

Roedd y teledu ymlaen yn y lolfa, ac ambell un o'r trigolion yn cysgu o'i blaen. Rowliais Mam i'r gadair fawr yn y gongl, yn ddigon pell oddi wrth y teledu, ac estyn stôl fechan iddi orffwys ei thraed arni. Drwy'r ffenest bellaf roedd y môr i'w weld yn rhuthro i mewn i'r bae, a llong yn hwylio tuag at y gorwel. Safai dau geffyl mewn cae cyfagos, eu cynffonau'n chwifio yn y gwynt oer.

'Dach chi'n teimlo'n well rŵan?'

'O, dwn i ddim wir. Ond paid â mynd. Aros am funud. Paid â 'ngadael i fy hun yn fama, ma' gen i ofn i rwbath ddigwydd. Tydw i ddim yn iawn.'

Wrth i'r pnawn lusgo heibio bu rhai o'r preswylwyr eraill yn mynd a dod – merched gan fwyaf. Ro'n i wedi sylwi bod y dynion yn ymgynnull yn y lolfa arall, yr ochr bellaf i'r adeilad. Wnaeth Mam ddim ymlacio, ac er 'mod i'n gweld bod rhywbeth yn ei phoeni, dechreuais baratoi i adael.

'Dwi'n mynd rŵan, Mam. Wela i chi mewn chydig ddyddia, ac mi ddo' i â mwy o'r potia cwstard bach 'na i chi.'

'Oes raid i chdi fynd? Dwi ofn i rwbath ddigwydd i mi. Ofn mynd yn sâl eto. Ei di i ofyn am ddoctor i mi?'

'Mi fyddwch yn iawn, siŵr. Trïwch gau'ch llygaid yn y gadair 'ma nes bydd hi'n amsar swpar.'

Wrth i mi adael cododd Mam ei llaw yn llipa arnaf. Roedd hi fel petai'n cilio i'r cysgodion, a phenderfynais fynd i gael gair â rheolwr y cartref. Deuthum o hyd iddi yn yr ystafell fwyta – roedd golwg dda arni ar ôl dod yn ôl oddi ar un o'i gwyliau niferus.

'Well, they've all been ill with that dreadful flu,' meddai, ar ôl i mi egluro fy mhryderon. 'The doctor's due tomorrow. I'm sure she'll be fine... some do like to complain, you know.'

Roedd disgrifiad Mam o'r ddynes yn reit agos at ei le, felly.

Wrth yrru adref tyfodd fy mhryder, a fedrwn i ddim peidio meddwl pa mor fychan yr edrychai Mam wrth i mi ffarwelio â hi drwy ddrws y lolfa.

Y Gwynt Oer

'Mari, ty'd rŵan! Ma' pawb yma, 'sti... amser i chdi ddŵad rŵan. Ti wedi blino, do, y beth fach. Fydd yr hogia'n iawn rŵan, ti wedi gwneud digon. 'Dan ni yma'n disgwyl amdanat ti.'

Pwy sy 'na? Chdi sy 'na eto, Megan? Dwi'n eich clywad chi i gyd yn siarad yn rwla. Lle ma' pawb? Fedra i 'mo'ch gweld chi.

'Rhaid i chdi ddŵad yma i gael gweld. Ma' Twm yn gwneud bwyd, wrthi'n torri cig mae o rŵan. Ma' Jac, Glenys a Mam a Dad yma. Ma' Bill wedi gwneud tân braf a 'dan ni wedi llnau y tŷ o'r top i'r gwaelod.'

Dwi'n sâl, Megan, sut fedra i ddŵad fel hyn? Dwi ddim yn gwbod y ffordd... ma'r hogia yma efo fi yn dal i fod, dwi'n dal efo fy hogia. Dwn i ddim... jest chydig bach eto, chydig bach o amsar eto.

'Paid â phoeni rŵan. Dim ond dilyn fy llais sydd isio pan ti'n barod. 'Dan ni i gyd yn edrych ymlaen at dy weld di. Mae bob dim yn iawn yr ochr yma. 'Sdim rhaid i chdi fod ofn, Mari.'

Dwi isio aros chydig bach mwy. Dwi'n dallt rŵan. Dwi'n gaddo dŵad pan dwi'n barod, Megan.

'Dim ond chydig bach, 'ta. Wedyn, dilyn fy llais i.'

* * *

'Geraint sy 'ma. Mae Mam yn wael iawn. Maen nhw wedi mynd â hi i'r sbyty, a dwi newydd gyrraedd. Roedd hi'n cael trafferthion mawr cael ei gwynt neithiwr pan o'n i yn y cartra efo hi, ac mi ddaeth paramedics a'i rhoi hi ar ocsigen – roedd hi'n siarad ond ddim yn gwneud llawer o synnwyr. Roedd hi'n gwybod 'mod i yno.'

'Ro'n i efo hi y diwrnod o'r blaen. O'n i'n ama' bod mwy na'r ffliw arni. Ti isio i mi ddod atat ti?'

'Am wn i. Ond well i ti ddŵad rŵan. Dwi ofn, braidd. Ma' Rhys ar y ffordd, efo Dewi.'

Rhoddais y ffôn i lawr, a sefyll heb anadlu am ychydig eiliadau, yn syfrdan. Gafaelais yn allweddi'r car â llaw grynedig a'u gollwng yn syth nes roedden nhw'n bownsio ar y llawr wrth fy nhraed. Ceisiais ddod o hyd i fy nghôt a 'nghap gwlân fel petawn mewn niwl.

Ysgydwai'r car fel pluen wrth balu drwy'r gwynt a'r tywyllwch tuag at oleuadau Caernarfon. Hoeliais fy llygaid ar y llinell wen yng nghanol y ffordd, ac er i mi ddorri'r cyfyngiad cyflymder allwn i ddim gwneud i'r car deithio'n ddigon cyflym. Ro'n i ofn. Ofn i rywbeth ddigwydd a minnau ar y ffordd. Poeni y byddwn yn hwyr ac na fyddwn efo Mam pan oedd hi fy angen i fwyaf. Plediais, crefais ar Dduw i wneud ei orau, i wneud y peth gorau i Mam. Gofynnais i ysbrydion y nos ac ar natur o 'nghwmpas ddod i fy nghysuro. Ceisiais siarad â'r tylwyth teg, fy nghyndeidiau... unrhyw un a fyddai'n barod i helpu a gwrando. Wrth yrru drwy Gaernarfon, gofynnais i'r hen dref am nerth, gan glywed llais Mam yn honni mai Caernarfon oedd y dref orau yn y byd ac mai'r peth gwaethaf wnaeth hi erioed oedd symud oddi yno. Yn y car, teimlwn bresenoldeb fy nheulu estynedig, brodyr a chwiorydd Mam, wrth fy ochr. Moi, Megan, Glenys, Jac, Bill a llawer mwy, eu lleisiau yn y sêt gefn yn chwerthin a siarad. Pob un yn hwyliog ar ei ffordd i nôl eu chwaer fach.

Gallwn weld sgwâr du'r ysbyty ar ben y bryn wrth wibio dros

y ffordd osgoi, a gwelwn y simdde'n codi tuag at yr awyr oren. Er fy mod i'n gyrru lawer yn rhy gyflym, pwysais fy nhroed yn drymach ar y sbardun a chyn hir roeddwn yn troi i mewn i faes parcio'r ysbyty. Roedd ambiwlans y tu allan i'r adran frys – ai yn hwn y teithiodd Mam druan? Gan ei bod mor hwyr roedd digon o lefydd gwag, a chymerais funud i sadio fy hun cyn mentro allan i'r storm oedd yn rhuo o gwmpas yr ysbyty. Fedrwn i ddim bod yn siŵr, ond teimlwn fod niwl isel uwchben yr ysbyty, fel gwe oren o oleuni yn cael ei droelli gan y corwynt cryf.

Rhedais at yr ysbyty ac wrth i'r drysau awtomatig agor lapiodd ton o wres amdanaf.

Roedd yr ystafell aros bron yn wag, gyda dim ond dau berson llwyd yr olwg yn eistedd ar gadeiriau plastig dan y goleuadau llachar didostur, un ohonynt gyda gwaed ar ei drowsus a chadach budr wedi'i glymu'n dynn am ei law. Gwelais fy mrodyr yn sefyll o amgylch gwely mewn ystafell ar yr ochr chwith ac es i mewn atynt. Ni ddywedodd yr un ohonynt air, dim ond nodio, a throi yn ôl i edrych ar y gwely ble eisteddai Mam a'i chefn ar dwmpath o obenyddion trwchus, ei llygaid gwyrdd yn wyllt fel petai'n gweld pethau na allen ni ddim. Roedd monitor wrth y gwely a gwelwn fod curiad ei chalon yn afreolaidd iawn – gwibiai'r llinell electronig i fyny'n uchel ac wedyn i lawr nes iddi bron â stopio'n llwyr. Tra oedd y pedwar ohonom yn sefyll o gwmpas y gwely gwyddwn y byddai Mam, yn reddfol, yn dal i ymladd am bob eiliad fer o fywyd er mwyn cael aros efo ni.

Daeth doctor ifanc blinedig at y gwely i siarad efo ni. Roedd yn ddigon hawdd gweld nad oedd ganddo newyddion da.

'Unfortunately there's nothing more we can do for your mother. She's unlikely to survive this admission. I'm afraid it's just a matter of making her comfortable now. I'm so sorry. She's a fighter, I can see that. We'll give her something to make her feel more at ease.'

Edrychais ar Mam ond wnaeth hi ddim ymateb i eiriau'r

meddyg. Gafaelais yn ei llaw oer, lipa, a bodio'i modrwy briodas, ond wnaeth hi ddim edrych arna i, dim ond syllu i ryw bellter anesboniadwy. Teimlwn ddagrau'n cronni a dechreuodd fy ngên grynu. Aeth fy mrodyr i eistedd yn yr ystafell aros fechan, ond arhosais i wrth ochr y gwely i gadw cwmni i Mam, er nad oeddwn yn siŵr oedd hi'n fy adnabod. Daeth nyrs ataf.

'I need to give your mother this,' meddai, ac amneidio at bowlen arian ac ynddi syrinj llawn hylif. 'Would you mind stepping away for just a second, my love?'

'Should I leave?'

'No, love, stay. I won't be a second. This'll stop that rattle as she breathes.'

'I was wondering what was wrong. It's making me feel...'

'Don't worry, it's how it happens. It's normal. This will quieten things down.'

'She's nearly 91, you know.'

'I know. Stay as long as you want. At some level, I think she probably knows you're all here.'

Roedd y sŵn ratlo a godai o wddf a brest Mam wedi fy nychryn, ac er bod gen i ryw synnwyr cyntefig o'i arwyddocâd, roedd yn dal yn sioc pan gadarnhaodd y nyrs hynny. Prin y medrai fy nghoesau fy nal wrth i mi ollwng fy ngafael yn llaw Mam er mwyn gwneud lle i'r nyrs wneud ei gwaith.

Bron yn syth ar ôl y pigiad llaciodd ei brest a chiliodd y sŵn cras. Safodd y nyrs wrth fy ymyl gan aildrefnu'r gobenyddion mawr y tu ôl i Mam.

'There, that's better. She's more comfortable now. I don't think it'll be long. You sit with your family for a while and I'll keep an eye on her. You can come in any time you want.'

Teimlwn y dylwn aros efo Mam ond roeddwn hefyd angen cwmni fy mrodyr. Wrth i mi gerdded tuag atynt cododd Dewi ar ei draed ac amneidio at y drws allanol i ddweud ei fod angen sigarét. Dilynais o allan i'r gwynt, a swatiodd y ddau ohonom mewn congl rhwng y drws a'r ambiwlans er mwyn i Dewi allu tanio'i smôc. Sgrechiai'r gwynt drwy'r maes parcio gan ysgwyd y polion golau o un ochr i'r llall. Ceisiodd fy mrawd sugno ychydig o gynhesrwydd o'r sigarét, ond gan nad oedd modd i ni glywed y naill a'r llall yn siarad dros ru y storm, aethom yn ôl i gynhesrwydd yr adeilad. Doedd dim wedi newid yng nghyflwr Mam, heblaw ei bod yn dawelach, ac er bod ei llygaid yn agored allwn i ddim bod yn siŵr oedd hi'n ymwybodol 'mod i wrth ei hymyl. Ceisiais siarad yn ei chlust, er mwyn iddi glywed fy llais.

'Dwi yma, Mam. Mae Dewi yma hefyd, a phawb arall. Mae'ch hogia chi i gyd yma efo chi, Mam.'

Welais i ddim gwahaniaeth, ond gobeithiwn ei bod wedi teimlo fy ngeiriau. Ceisiais ddilyn llinell ei golwg ond welwn i ddim byd anarferol. Eisteddai'r nyrs ar stôl uchel rhwng gwely Mam a pheiriant cymhleth yr olwg, yn gwneud gwaith papur. Roedd hon yn noson eitha arferol iddi hi, dychmygais; dim ond noson o waith, shifft hir a chaled fel arfer. Aeth fy mrawd a finnau i eistedd i'r ystafell aros. Disgwyl oedd yr unig beth fedrwn i ei wneud.

Ar ôl tua phum munud o ddistawrwydd, heblaw cnocio'r gwynt ar y ffenestri, dechreuodd y pedwar ohonom siarad, er nad oedd gan yr un ohonon ni syniad beth i'w ddweud na sut i ymddwyn.

'Ma' hi'n gryf, ma' raid, tydi? Dal i gwffio. Does dim llawer ohoni ar ôl... ma' hi'n fwy tyff nag y mae rhywun yn feddwl.'

Doedd 'run ohonon ni'n edrych ar ein gilydd. Allwn i ddim mentro edrych ar wyneb un o fy mrodyr rhag i mi golli'r frwydr yn erbyn y dagrau.

'Ma' hi wedi bod drwy lot yn ddiweddar, wedi blino, a hitha mewn oed mawr rŵan.'

'Un bengaled oedd hi rioed. Cau'n glir â rhoi gif-yp er 'i bod hi'n cwyno am ei hiechyd drwy'r amser.'

'Mi fydd lot i'w drefnu ar ôl heno. Mi wna i hynny, os liciwch chi... well i un ohonon ni wneud rhag i ni fynd ar draws ein gilydd. Pawb yn cytuno?'

'Iawn, dim problem. Ti'n nabod y pregethwr ac ati. Ti'n gwbod be i neud.'

Doedd dim arall i'w ddweud ar ôl hynny.

Roedd y disgwyl yn afreal, fel bod rhwng sawl byd. Byd y gwynt yn chwyrlïo tu allan i adeiladau hyll yr ysbyty, gyda'r golau fflwroleuol yn rhoi gwedd sâl ar wyneb pawb. Ystafell ddiliw ddi-addurn gyda hen gylchgronau nad oedd neb eisiau eu darllen ar fwrdd isel. Byd lle curai fy nghalon fel morthwyl wrth geisio dirnad y sefyllfa. Byd lle siaradai fy mrodyr am Mam yn y gorffennol heb iddynt sylweddoli. Meddyliais am eiriau ffurfiol y doctor. 'Your mother's unlikely to survive this admission'. Ymadrodd yr oedd wedi ei ddysgu pan oedd yn hyfforddi, mwy na thebyg, ond fedrwn i ddim cael y frawddeg allan o fy mhen. Nid bai'r doctor oedd hynny – mi geisiodd ddweud y gwir yn y ffordd orau allai o, ond roedd pob aelod o staff roedden ni wedi siarad efo nhw wedi bod yn ofalus â'i iaith. Ddywedodd neb bod Mam yn marw... y gair mawr roedd pawb yn ei osgoi. Pan oeddwn tua naw oed, byddwn yn gorwedd yn fy ngwely, a'r ystafell yn hollol dywyll, yn ceisio dychmygu sut beth oedd marwolaeth. Ceisiwn ddal fy ngwynt mor hir ag y medrwn o dan y blancedi er mwyn ceisio deall sut deimlad oedd o. Bob tro, ar ôl llai na munud, tynnwn y blancedi ac anadlu'n ddwfn, fy ysgyfaint yn llosgi ar ôl yr ymdrech. Roedd gen i ofn marw yr adeg honno.

Yn yr ystafell drws nesaf i ni roedd Mam ar drothwy ei byd arall. Byd na wyddwn i ddim amdano. Byd tu hwnt i'r dyfodol, tu hwnt i'r noson dywyll, stormus.

Roedd gan Mam feddwl y byd ohonon ni, ei hogia. Pob un wedi gwneud yn dda ac wedi cael gwragedd siort ora, fel y byddai'n falch o ddweud. Teimlwn mai fi oedd yr unig un a achosodd drafferth iddi hi a Nhad. Cefais sawl ffrae efo nhw ar gownt fy edrychiad pan oeddwn i'n ifanc, gyda fy ngwallt hir, blêr, a 'nillad rhacs, anweddus. Cyhuddai Nhad fi bryd hynny o edrych fel tramp – roedd edrychiad ac ymddygiad parchus yn bwysig yn eu llygaid nhw, rhag i bobol y capel siarad. Symudais oddi cartref i fyw efo 'nghariad pan oeddwn yn ifanc iawn, ac er nad oeddent yn hapus ynglŷn â'r peth, unwaith y daethant i ddeall fy mod yn hapus, derbyniwyd fy mhenderfyniad. Roedd yr oes wedi dechrau newid, hyd yn oed ym mherfeddion cefn gwlad Môn. Wrth feddwl yn ôl, gwelwn 'mod i wedi gwneud sawl penderfyniad ffôl, ond roedd fy rhieni wedi gadael i mi dorri fy nghwys fy hun, waeth faint roedden nhw'n poeni amdana i. Wnes i ddim gwerthfawrogi hynny ar y pryd.

Wrth eistedd yn anghyfforddus yng nghwmni fy mrodyr, ceisiais yn ofer i gofio'r tro diwethaf i ni i gyd fod yn yr un ystafell. Er ein bod i gyd yn byw yn weddol agos i'n gilydd, prin y bydden ni'n cwrdd i gyd efo'n gilydd. Mam oedd y llinyn cyswllt ers blynyddoedd: roedd gan bob brawd ei ddiwrnod i fynd i'w gweld, pob un â'i wahanol jobsys i'w gwneud iddi. Mam oedd canolbwynt y teulu, yr unig un ar ôl o'r hen genhedlaeth, yr hen ffordd o fyw.

Rhoddodd y nyrs ei phen rownd ochr y drws a gallwn ddweud ar ei hwyneb beth fyddai ei neges.

'It won't be long. Do you all want to come with me? We're moving her to a room that's a bit more private.'

Cododd y pedwar ohonom heb ddweud gair a'i dilyn fel rhes o wartheg i ystafell fechan, oedd yn edrych yn fwy fel cwpwrdd na ward ysbyty.

'She's in here. There's not much room, I'm afraid. I haven't put all the lights on – I thought it would be nicer for her. Stay with her, take your time.'

Cymerodd ychydig eiliadau i fy llygaid arfer â'r ystafell dywyll ar ôl i'r nyrs gau'r drws ar ei hôl. Yn y gwyll gwelwn fod wyneb Mam wedi suddo i mewn i'r gobennydd, ei gwynt yn ysgafn a thawel a'i llygaid yn dal yn agored. Nid oedd llawer o le i bedwar o gwmpas y gwely, a theimlwn yn siomedig mai yma, mewn storfa, y byddai Mam yn gorfod treulio'i munudau olaf. Roedd yn annheg a braidd yn amharchus, ond wnes i ddim dweud gair am y peth. Fyddai hynny ddim wedi newid pethau. Y peth pwysicaf oedd bod y pedwar brawd yno, yn ôl ei dymuniad.

Rhoddodd Geraint ei fysedd yn ysgafn ar arddwrn Mam, a ffarwelio â hi yn dawel. Edrychais i'w llygaid gwyrddion – prin yr oedd hi efo ni. Tybed a oedd hi'n clywed llais Megan, ei chwaer, yn galw arni? Diflannodd y golau o gannwyll ei llygaid, a gydag ochenaid ysgafn roedd hi wedi mynd. Rhedodd Rhys ei fysedd dros ei hwyneb a chau ei llygaid am y tro olaf. Edrychodd ar ei oriawr er mwyn nodi'r amser, ac aeth allan. Dywedodd pob un ohonom ein ffarwél.

Wrth edrych arni daeth atgof i flaen fy meddwl: ro'n i'n gorwedd ar fy nghefn mewn pram wrth i Mam fy ngwthio i fyny allt ger Tŷ Capel. Edrychai Mam i lawr arnaf – roedd yn gwisgo'r sgarff oedd â llun dau gi bach gwyn a du arno, ac roedd ei gwallt tywyll cyrliog yn disgyn dros ei bochau coch. Gallwn deimlo oerni'r diwrnod a gweld brigau'r coed yn ysgwyd yn y gwynt uwch ein pennau.

'Diolch, Mam. Diolch am bob dim. Wela i chi eto ryw ddiwrnod.'

Tynnais y drws yn ddistaw ar fy ôl a dilyn fy mrodyr i'r coridor. Siaradodd fy mrodyr efo'r nyrs ond ni chymerais lawer o sylw. Roedd yr ystafell aros wedi llenwi erbyn hyn efo mwy o gleifion, mwy o boen. Fedra i ddim cofio gadael yr adran frys, ond cofiaf y gwynt oer yn gafael yn fy ngwar yn y maes parcio.

'Fyddi di'n iawn i ddreifio adra?' gofynnodd Rhys i mi, ar ôl i ni drafod trefniadau.

'Byddaf. Mi gymera i fy amser. Does dim brys rŵan.'

Edrychais ar geir fy mrodyr yn gyrru allan o'r maes parcio un ar ôl y llall, a chodais fy llaw arnynt. Teimlwn yn unig, yn fwy unig nag erioed o'r blaen. Edrychais yn ôl at yr ysbyty gan deimlo euogrwydd yn cydio ynof – roeddwn wedi gadael corff bychan Mam yn gorwedd ar ben ei hun ar droli mewn storfa dywyll. Wnes i ddim codi fy llais a chwyno a mynnu ein bod yn cael ystafell fwy addas. Pwysais y botwm ar oriad y car a fflachiodd y goleuadau oren wrth i'r drysau ddatgloi. Agorais y drws ac eistedd, gan afael yn dynn yn y llyw a rhoi fy mhen i orffwys arno. Bryd hynny y llifodd y dagrau. Torrodd yr argae gan ollwng rhaeadr o ddŵr hallt i wlychu fy wyneb a'r llyw oddi tano. Torrais fy nghalon am ugain munud neu fwy nes i mi sylweddoli fod y storm tu allan wedi gostegu a bod popeth yn rhyfedd o dawel y tu hwnt i sgrin wynt y car. Clywais lais cyfarwydd wrth fy ymyl drwy'r dryswch a lenwai fy mhen, a throais yn araf tuag ato.

'Mam. Mam? Sut dach chi'n...'

'Stopia grio rŵan. Fydd bob dim yn iawn rŵan. Dos â fi'n ôl adra o'r lle digalon 'ma wir!'

'Sut? I ble... a...?'

'I Gaernarfon, siŵr Dduw! Ty'd rŵan, i mi ga'l mynd adra.'

Eisteddai Mam wrth fy ochr fel y gwnaeth ganwaith o'r blaen yn ei *beret* angora cynnes a'i chôt goch laes, ei handbag ar ei glin a'i menig gwlân llwyd am ei dwylo. Roedd hi wedi rhoi'r gwregys diogelwch amdani yn barod. Edrychais o 'nghwmpas – gallwn weld y maes parcio tu allan ac adeiladau'r ysbyty yn y pellter. Gwelwn y safle bws dros y ffordd a chysgodion y coed yn symud yn araf dan y goleuadau oren. Edrychais eto ar Mam. Roedd hi'n dal yno, yn eistedd wrth fy ochr.

'Ty'd, Glyn bach, paid â phoeni. Amser i ni fynd rŵan. Awn ni am dro am y tro dwytha.'

'Ond Mam, Mam...'

'Paid â chrio. Ty'd rŵan. Tania'r car 'ma. Awn ni i'r hen dre. Gei di weld.'

Daeth y car yn fyw, a symudais yn ofalus tuag at allanfa'r maes parcio. Nid oedd neb o gwmpas yn unman. Edrychwn ar Mam drwy gongl fy llygad bob eiliad neu ddwy i wneud yn siŵr ei bod yn dal efo fi. Roeddwn ofn iddi ddiflannu heb i mi sylwi. Gyrrais allan i'r lôn fawr, a chlywais Mam yn pesychu ac yn chwilio am beth da yn ei phoced. Dechreuais grio unwaith eto wrth yrru'n araf lawr yr allt at stad y Faenol. Prin y medrwn weld y lôn o fy mlaen.

'Dwi'n iawn rŵan. Ty'd, dwi yma efo chdi. Paid â chrio. Mi fydda i efo chdi am byth 'sti.'

'Ond dwi ddim yn dallt, Mam. Sut ma' hyn yn bod?'

Roedd Mam wedi tynnu ei menig a gwelais fod ei modrwy briodas yn dal ar ei bys, er i mi weld y nyrs yn tynnu'r fodrwy a'i rhoi i Dewi er mwyn ei chadw'n saff. Edrychai'n dda, yn dewach o gwmpas ei hwyneb ac yn llond ei chroen. Rhoddais y gorau i geisio cwestiynu, ceisio dadansoddi, a cheisio derbyn yr hyn oedd yn digwydd. Dyma gyfle i wneud un gymwynas olaf i Mam, i fynd â hi am dro fel y gwnaethwn mor aml ers talwm. Ciliodd y dagrau a'r galar a gyrrais y car yn araf ac yn ofalus. Roeddwn am i Mam aros efo fi mor hir â phosib. Gofynnais gwestiwn iddi gan weddïo y gwnâi ateb.

''Dan ni wedi bod mewn lot o lefydd braf efo'n gilydd, yn do? Lle oedd eich ffefryn chi?'

'O, 'dwn i ddim wir. Bodafon i glywad y gog, ella? Y goleudy yn y gwanwyn efo oglau blodau'r eithin ar yr awyr. Cerdded wal fôr Cemaes yn yr haf, a'r gwynt braf yn gynnes. Gweld tonnau mawr yn curo yn y gaeaf. Bob man, Glyn bach. Bob man.'

'Dwi'n falch 'mod i wedi mynd â chi am dro gymaint.'

'Mi wnest ti 'nghadw fi i fynd. Mynd allan i'r gwynt braf... mor bwysig. Dwn i ddim be faswn i wedi'i wneud, wir, hebddat ti. Dwi'n casáu bod yn y tŷ yn hir.'

'Dach chi'n cofio'r pry 'na'n eich pigo chi ar y traeth yng Nghemaes?'

'O, ia! Hen bry llwyd mawr, a hwnnw'n brifo. Roedd rwbath yn siŵr o ddigwydd i mi bob tro.'

'Be wna i rŵan, Mam? Fydd neb yn meddwl amdana i... fydd dim mwy...'

'Paid â chrio. Mi edrycha i ar dy ôl di. Mwynha dy hun, ti'n dal yn ifanc. Paid â digalonni.'

Erbyn hyn roeddwn wedi gyrru heibio i sgerbwd ffatri

Ferodo ac yn agosáu at ymylon tref Caernarfon. I lawr yr allt dan y coed mawr, gwelwn wawr oren goleuadau'r stryd: yr un rhai roeddwn i'n eu cyfri'n mynd heibio uwch fy mhen pan oeddwn yn hogyn bach, yn gorwedd ar wastad fy nghefn ar sêt ôl Morris Meinor Nhad. Edrychais ar y cloc yn y car – roedd dros awr wedi mynd heibio ers i mi adael yr ysbyty. Fel arfer, yr adeg yma o'r nos, dim ond chwarter awr gymerai hi i deithio o Fangor i Gaernarfon. Roedd amser wedi newid ei wedd, wedi arafu, wedi fy arwain i wlad estron rhwng y presennol a'r gorffennol. Er i mi geisio agor a chau fy llygaid amryw o weithiau ac edrych ar y lôn a'r llinell wen o fy mlaen, roedd Mam yn dal i eistedd wrth fy ymyl.

'Paid â mynd yn rhy sydyn, Glyn bach. Gad mi gael golwg ar lefydd. Sbia'r tai 'ma! Dwi'n cofio'r rhain yn cael eu hadeiladu chydig ar ôl y rhyfel. Tai pobl fawr 'radeg hynny. Dos â fi i weld yr hen gartref, Bryn Hyfryd, am y tro ola.'

Gyrrais y car i fyny allt droellog a dros gefn bryn Twtil. I lawr wedyn tua'r rowndabowt ac ymlaen ar lôn Llanberis. Dim ond Mam a finnau oedd ar y lôn, ac ambell wylan fôr uwch ein pennau.

'Tydi llefydd wedi newid. Dwi'n cofio fama'n gaeau i gyd. Cefn gwlad oedd yma pan o'n i'n hogan ifanc. Lle braf oedd yma pan o'n i'n blentyn. Dyma ni. Stopia yn fama i weld.'

Tynnais i mewn wrth ymyl y Spar a'r siop tships oedd wedi cau'r *shutters* am y noson. Roedd hen gartref Mam yn dywyll a digon truenus yr olwg. Cawsai'r tŷ mawr ei addasu yn fflatiau ers blynyddoedd ond roedd enw'r tŷ, Bryn Hyfryd, yno wedi ei naddu ar yr arwydd llechen gwreiddiol wrth y drws. Wrth i Mam droi ei phen i edrych sylwais ar ei gwallt yn cyrlio allan oddi tan y *beret* roedd hi wedi gwisgo cymaint arno. Wnâi hi ddim mentro allan ar dywydd oer a gwyntog hebddo.

'Edrycha, Glyn! Mae'r hen le wedi newid. Roedd o'n dŷ smart ers talwm 'sti. Grisiau pren tywyll yn rhedeg o'r top i'r gwaelod ac ystafelloedd crand efo lle tân mawr mewn rhai ohonyn nhw. Tŷ pobol fawr oedd o flynyddoedd yn ôl cyn i Nhad ei brynu – mi oedd clychau'r gweision yn dal i fod yn y selar. Gwranda! Ti'n 'u clywed nhw?'

'Be? Chlywa i ddim byd.'

'Fy nhad! Mae o'n gofyn i mi llnau 'i sgidia fo cyn iddo fynd i'r eglwys. Clyw, Glyn bach. Dyna fi yli, yn rhedeg lawr y grisiau i nôl y polish a'r cadachau. Roedd lot o waith mewn tŷ mawr fel hyn, ond roedd digon o hwyl hefyd. Clyw! Ti'n ein clywed ni i gyd yn chwerthin wrth i 'mrawd ddeud jôcs a gwneud stumiau?'

Fedrwn i ddim clywed na gweld gorffennol Mam, dim ond y tŷ mawr tywyll ac ychydig o bapurau tships yn chwythu o gwmpas y giât fel ysbrydion. Gwenodd Mam wrth iddi edrych allan drwy ffenest ochr y car a gallwn weld dagrau yn dechrau gwlitho'i llygaid. Dagrau hiraeth wrth iddi glywed ei theulu, ei chwiorydd, ei brodyr a'i rhieni, yn ei galw atynt. Edrychodd Mam arnaf yn garedig a gwelwn ei bod yn gwenu. Roedd yn amser i ni symud ymlaen.

'Lle nesa, Mam?'

'I'r dre. Be am i ti roi *tour* o'r hen dre i mi?'

Llwyddais i droi'r car rownd yn reit handi gan fod y ffyrdd yn wag, a gyrrais i lawr yn ôl i ganol Caernarfon. Doedd neb yn yr orsaf fysiau ac roedd y siopau têc-awê ar Stryd y Bont hyd yn oed wedi cau. Cyn i mi yrru i mewn i'r Maes gofynnodd Mam i mi stopio reit tu allan i'r siop garpedi.

'Yn fama ro'n i'n gweithio, yli. Siop Dick's oedd hi adeg hynny, siop sgidia. Wrth fy modd yno. Ro'n i'n cael sgidia rhad i mi fy hun yno, rhai *Italian leather* neis, dwi'n cofio. Yn y drws yna ro'n i'n sefyll adeg y rhyfel pan welais i Spitfire yn saethu Jyrman i lawr. Twrw gynnau a bwledi'n chwipio drwy'r awyr. Lawr aeth y Jyrman. Paid â mynd i gwffio byth. Paid byth â mynd!'

'Dwi'n eich cofio chi'n sôn am yr eroplêns lawer gwaith.'

'Tydi'r lle 'ma 'di newid. Mae'r Maes 'ma'n hollol wahanol. Roedd ffowntan fawr yn y canol ers talwm, a bysys yn mynd i bob man. Ty'd, well i ni symud.'

Wrth yrru ar draws y Maes teimlwn y car yn cael ei ysgwyd yn ysgafn gan y llechi anwastad o dan y teiars. Edrychai Mam yn syth yn ei blaen, gan ddweud wrtha i am fynd i lawr i'r Cei Llechi ac o gwmpas y castell. Ro'n i'n gwybod yn iawn ble i stopio: yng nghysgod waliau uchel yr hen gastell wrth ymyl y meinciau pren a wynebai'r afon a'r cychod. Dechreuais deimlo fod ein hamser yn brin, ein bod bron ar ddiwedd y siwrnai. Teimlwn y dagrau'n pwyso unwaith eto y tu ôl i fy llygaid.

'Ydi fama'n iawn, Mam?'

'Yndi. Paid ti â chrio rŵan. Pan o'n i'n ifanc yn fama fyddan ni'n ista yn yr haul – mi oedd hi bob amser yn boeth yma. Sbia, yn fan'cw oeddan ni'n dal y cwch dros yr Aber. Clyw! Dwi'n clywad injan y cwch yn tanio. Sbia pobol arni! Braf oedd hi. Amser llawn hwyl a rhyddid.'

Caeodd Mam ei llygaid a dal ei hwyneb i fyny fel petai'n teimlo gwres yr haul ar ei chroen. Sylwais fod llai o grychau ar ei hwyneb a'i gwddf. Gallwn arogli lafant, hoff sebon Mam, a chaeais innau fy llygaid, gan hanner disgwyl y byddwn yn deffro o'r rhithweledigaeth, os mai dyna oedd hi. Roedd Mam yn deall, a dywedodd ei bod hi'n dal efo fi, ac i mi dderbyn yr amser gwerthfawr hwn.

'Iawn, dos â fi i Borth yr Aur. Mae'n rhaid i mi fynd rŵan, Glyn bach.'

Dechreuais dorri fy nghalon unwaith eto gan wybod beth oedd arwyddocâd ei geiriau. Prin y medrwn yrru o gwmpas y castell a heibio'r Anglesey Arms gan fod cymaint o ddagrau'n niwl dros fy llygaid. Troais i lawr Stryd y Plas a gyrrais mor araf ag y medrwn.

'Dwi'n cofio nôl menyn i'r hen farchnad 'ma. Menyn neis oedd o hefyd. Bwyd da i'w gael ers talwm, bwyd a blas go iawn arno. Cofia di fyta'n dda rŵan. Ti'n un da am wneud bwyd. Mi fedri wneud wy wedi'i botsio ac omlet ardderchog. Cofia di amdana i pan fyddi di'n gwneud wy wedi'i botsio.'

'Dwi wedi bod â hiraeth am eich teisennau, yn enwedig eich teisen siwgwr chi. Un dda oeddach chi am wneud cêcs.'

'Cofia di rŵan... mae'n ddigon hawdd gwneud teisenna' siwgwr, 'sti. Cael y gwres cywir yn y popty ydi'r job. Mae'r risêt yn y llyfr bach yn fy llofft.'

Erbyn hyn roeddwn yn gyrru lawr y Stryd Fawr ac yn dod i mewn i Borth yr Aur. O fy mlaen, drwy'r hen borth yn y waliau, gwelwn y Fenai wedi ei goleuo gan lewyrch arian y lleuad, y llanw ar ei ffordd allan a'r storm wedi gostegu'n llwyr.

'Rhaid i mi droi rownd yn fama, Mam.'

'Mi wn i. Fedri di ddim dŵad yn ddim pellach efo fi rŵan.'

Teimlwn fod llyw'r hen gar wedi troi yn blwm. Roedd y lledr yn wlyb socian ar ôl fy nagrau, a doedd gen i ddim nerth ar ôl yn fy nwylo. Gan fod y stryd yn gul cymerodd sawl symudiad yn ôl ac ymlaen nes yr oedd y car yn wynebu'r ffordd arall. Stopiais y tu allan i'r tŷ lle ganwyd Mam.

'Dyma ni, Glyn bach. Pen y daith. Cylch bywyd.'

'Oes raid i chi fynd rŵan, Mam? Be wna i hebddach chi? Dwi'm yn gwbod...'

'Fyddi di siort ora'. Fydda i byth yn bell i ffwrdd. Yn fama ges i 'ngeni, yli. Yn y ffenast uchel 'na uwch ein penna ni. Ro'n i'n cael ffitia bach rhyfedd pan o'n i'n fabi. Ddeudodd y doctor yr adeg hynny fod Mam wedi fy safio lawer gwaith wrth rwbio asiffeta ar waelod fy nhraed. Peth da oedd asiffeta. Cofia di gymryd peth.'

'Arhoswch, Mam. Peidiwch â mynd rŵan. Peidiwch â 'ngadael i.'

'Rhaid i mi, Glyn bach. Rhaid i mi fynd. Dwi'n rhydd rŵan, yli – rhydd o'r holl boen a'r trafferthion a'r poeni gwirion. Welan ni ein gilydd eto. Paid ti â phoeni. Dos di rŵan. Fydda i'n iawn o fama 'mlaen. Dwi ddim isio'u cadw nhw'n disgwyl... ma' nhw'n galw arna i ers meitin iawn.'

Agorodd Mam ddrws y car heb gymorth o gwbl. Camodd allan heb orfod gafael yn handlen y drws, hyd yn oed. Plygodd i edrych yn ôl i mewn i'r car drwy'r ffenest ochr, a gwenodd arnaf. Teimlais y wên yn toddi drwydda i fel heulwen canol haf.

Bryd hynny y sylweddolais fod dillad Mam yn wahanol. Roedd hi'n gwisgo côt frown, laes wedi ei theilwra a sgert dynn at ei phen-gliniau. Roedd y menig llwyd wedi diflannu a'i dwylo yn llyfn, llyfn, heb arlliw o'r cryd cymalau oedd wedi achosi cymaint o boen iddi. Taniais y car a'i yrru'n araf, gan amau fy mod yn dechrau colli arni'n llwyr. Edrychais yn ôl drwy ddrych y car, a gwelais Mam yn sefyll y tu ôl i mi, yn ferch ifanc, hardd, ei gwallt hir yn rhydd o gwmpas ei hysgwyddau a bag lledr bychan yn hongian oddi ar ei braich chwith. Ar ochr ei phen eisteddai het fechan gyda streipen wen gul o'i hamgylch – yr het roedd hi'n ei gwisgo yn y ffotograff y deuthum o hyd iddo ar lawr ei hystafell wely yn y fflat. Roedd ei choesau siapus mewn sanau neilon, a gwisgai esgidiau du â sawdl bychan. Ceisiais ddal i edrych yn y drych mor hir ag y gallwn, ond wrth bellhau oddi wrthi yn araf i lawr y stryd daeth mwy o ddagrau a phrin y medrwn weld Mam; dim ond silwét ei chorff ifanc, tlws.